PONS

lernen & üben
BRASILIANISCHES PORTUGIESISCH

Der direkte Weg zur Sprache

von
Marisa Barreto von Berg
João Carlos Caetano de Andrade

ABCDEFGH IJ LM
NOPQRSTUV X Z

Ernst Klett Sprachen GmbH
Barcelona • Belgrad • Budapest • Ljubljana • London • Posen • Prag
Sofia • Stuttgart • Zagreb

PONS
lernen & üben
BRASILIANISCHES PORTUGIESISCH

Der direkte Weg zur Sprache

von
Marisa Barreto von Berg
João Carlos Caetano de Andrade

Auflage A1 5 4 3 2 / 2009 2008 2007

Internet: www.pons.de
E-Mail: info@pons.de

Redaktion: Regina Lino Roeßle
Logoentwurf: Erwin Poell, Heidelberg
Logoüberarbeitung: Sabine Redlin, Ludwigsburg
Einbandgestaltung: deutschewerbeagentur
Titelfoto: Vlado Golub, Stuttgart
Aufnahme, Tonregie und Mastering: Ton in Ton Medienhaus, Stuttgart
Sprecher: João C. Caetano de Andrade, Luciene Soares do Carmo
Layout: Silke Wewoda
Satz: Satzkasten - Dollenbacher & Müller, Stuttgart
Druck: Legoprint
Printed in Italy.
ISBN: 978-3-12-560744-6

Willkommen …

auf dem direkten Weg zur Sprache. Sie lernen gerade Brasilianisch und wollen Ihre Grundkenntnisse zusätzlich verbessern, indem Sie einzelne Punkte gezielt nachschlagen und üben? Dann sind Sie bei PONS lernen & üben Brasilianisch genau richtig.

Aufbau des Buchs

Eine Einleitung in die Sprache gibt Ihnen zunächst interessante Hintergrundinformationen zum Brasilianischen und Tipps, wie Sie diese Sprache einfacher lernen können.

Der Bereich Alphabet und Aussprache (A) macht Sie mit der Schrift und dem Lautsystem vertraut.
Der Bereich Wortschatz (W) vermittelt Ihnen thematisch gegliedert das grundlegende Vokabular der Sprache.
Der Bereich Grammatik (G) behandelt die für Anfänger und Wiedereinsteiger wichtigen Aspekte der Grammatik.
Der Bereich Kommunikation (K) wiederholt in Teilen das Vokabular aus dem Wortschatz und präsentiert praktische Bausteine für die alltägliche Verständigung.

In den Bereichen A bis K bildet jeweils eine Doppelseite eine didaktische Einheit: auf der linken Seite wird ein Thema oder ein grammatikalisches Phänomen eingängig erklärt und auf der rechten Seite in vielfältigen Übungen trainiert. Ihre Lösungen können Sie dann anhand des Lösungsschlüssels im Anhang kontrollieren.
Verweise zwischen den Bereichen A bis K zeigen Anknüpfungspunkte im Buch auf und ermöglichen Ihnen ein schnelleres Springen zwischen verwandten Themen.
Die übersichtlichen Tabellen verschaffen Ihnen einen Überblick über die verschiedenen grammatikalischen Formen.
Im Mini-Wörterbuch Brasilianisch – Deutsch finden Sie noch einmal den Wortschatz des gesamten Buchs mit der Übersetzung.

Ihr Lernprozess wird durch die Audio-CD unterstützt. Viele Hörübungen aus dem Bereich Alphabet und Aussprache sowie die Minidialoge aus dem Bereich Kommunikation trainieren Ihr Ohr für die neue Sprache.

Symbole

7 Zu dieser Erklärung oder Übung finden Sie eine Aufnahme auf der CD. Die Zahl gibt die Tracknummer auf der CD an.

W6 G8 Hier werden Sie z. B. auf den Bereich Wortschatz Kapitel 6 und auf die Grammatik Kapitel 8 verwiesen.

Die brasilianische … In den Infoboxen finden Sie Zusatzinformationen wie z. B. Ausnahmen, aber auch Lerntipps oder Landeskundliches.

Viel Spaß und Erfolg beim Lernen und Üben!

Inhaltsverzeichnis

Kommunikation

Tabellen

Lösungen

Mini-Wörterbuch Brasilianisch – Deutsch

Einleitung in die Sprache

Randsprachen

Dass die sechsgrößte Weltsprache mit über 200 Millionen portugiesisch sprechenden Menschen auf 4 Kontinenten am Pons-Projekt „Seltene Randsprachen" teilnimmt, mag befremdend anmuten. Der Grund dafür ist, dass das brasilianische Portugiesisch nicht mit dem in Portugal und in anderen Regionen gesprochenen Portugiesisch gleichzusetzen ist. Andere Sprachen – im Wesentlichen die diversen Sprachen der Ureinwohner Brasiliens sowie afrikanische Sprachen (siehe Geschichte) – haben das brasilianische Portugiesisch maßgeblich beeinflusst. Auch wenn man grundsätzlich von einer portugiesischen Sprache ausgeht, gibt es insbesondere in den Bereichen Wortschatz und Aussprache einige Unterschiede zum europäischen Portugiesisch. Dieses Buch behandelt ausschließlich das brasilianische Portugiesisch, das aus der Sicht des deutschen Sprachraums eine seltene Randsprache darstellt. Auf Vergleiche zum europäischen Portugiesisch wird gänzlich verzichtet.

Die Bedeutung des Brasilianischen

Brasilien, von 1500 bis 1822 portugiesische Kolonie, hat seit der Unabhängigkeit seine internationale Position zunehmend ausgebaut und ist heute neben China, Indien und Russland eines der Schwellenländer, aus dem in den nächsten Jahren wichtige Wachstumsimpulse für die Weltwirtschaft erwartet werden.
Der fortschreitenden Industrialisierung und der Ausweitung der Exportwirtschaft ist es zu verdanken, dass Brasilien ein wichtiger Außenhandelspartner Deutschlands und der EU ist.

Die zunehmende Bedeutung der Bodenschätze und die steigende Präsenz anspruchsvoller Industrieprodukte auf dem Absatzmarkt tragen zusätzlich dazu bei, dass Brasilien für die deutsche Wirtschaft in Lateinamerika eines der wichtigsten Ziele für Direktinvestitionen ist.

Brasilien hat zudem auch bedeutende kulturelle Beiträge in der portugiesischen Sprache hervorgebracht, die allerdings in Deutschland – mit wenigen Ausnahmen – bislang kaum wahrgenommen wurden.

Dies ist nicht zuletzt auf das insgesamt noch geringe Lehrangebot für Portugiesisch und die geradezu stiefmütterliche Behandlung dieser Sprache an Universitäten zurückzuführen. In den meisten Fällen werden dort den geographisch näheren Sprachen, wie dem Französischen und Italienischen, bisher weit mehr Platz eingeräumt, als der von über 200 Millionen Menschen gesprochenen Weltsprache Portugiesisch.

Portugiesisch wird von einer wachsenden Sprecherzahl auf vier Kontinenten gesprochen. In Angola, Brasilien, Portugal, São Tomé und Príncipe, sowie auf Kap Verde, in Guinea-Bissau, Mosambik, Osttimor und Macau ist Portugiesisch offizielle Amtssprache.

Speziell in Brasilien trägt der wachsende Tourismus dazu bei, dass die Sprache als internationales Kommunikationsmittel in den letzten Jahren stetig zugenommen hat. Eine steigende Nachfrage nach portugiesischen Sprachkursen an Volkshochschulen, Universitäten und allgemein bildenden Schulen, belegen in der Tat, dass Portugiesisch allmählich, nach Spanisch, in der deutschen Fremdsprachenlandschaft Fuß fassen konnte.

Aus welchen Gründen auch immer Sie Brasilianisch lernen möchten: allgemeines Interesse an der Sprache, persönliche oder geschäftliche Beziehungen zu Brasilien, als Vorbereitung auf eine Reise – Sie werden es mit einer der interessantesten, anspruchsvollsten und, nach Meinung vieler Deutschsprachigen, auch schönsten romanischen Sprachen zu tun haben.

Entstehung der portugiesischen Sprache

Die portugiesische Sprache ist eine Sprache aus dem romanischen Zweig der indogermanischen Sprachfamilie und bildet mit dem Spanischen, Katalanischen und weiteren Sprachen der Iberischen Halbinsel die engere Einheit des Ibero-Romanischen. Portugiesisch gilt heute als Weltsprache. Zusammen mit dem Galicischen in Nordwest-Spanien geht die portugiesische Sprache auf eine gemeinsame Ursprungssprache zurück, das sog. Galicisch-Portugiesische, das sich vom Ende der Antike bis ins frühe Mittelalter entwickelte. Nach der Bildung des Staates Portugal entwickelten sich daraus die beiden heutigen Sprachen.

Portugiesisch wird von ca. 190 Millionen Muttersprachlern gesprochen: Einschließlich der Zweitsprachler beläuft sich die Zahl der Sprecher auf ca. 200 Millionen. Als Kolonialreich trug Portugal im 15. und 16. Jahrhundert seine Sprache in die ganze Welt. Daraus ergab sich, dass frühere Kolonien nun Portugiesisch als Amtssprache haben und darüber hinaus von einigen als Zweitsprache gelernt und gesprochen wird. Neben dem eigentlichen Portugiesischen gibt es daneben etwa zwanzig Kreolsprachen (Mischsprachen) auf überwiegend portugiesischer Basis. Durch portugiesische Auswanderer ist Portugiesisch in mehreren Staaten Westeuropas und in Nordamerika in den letzten Jahrzehnten zu einer wichtigen Minderheitensprache geworden.

Das brasilianische Portugiesisch

Eine Entwicklung eigener Art hat das Portugiesische in Brasilien erlebt. Die zunächst geringe Anzahl der portugiesischen Kolonisten und der hohe Anteil afrikanischer Sklaven an der Bevölkerung des Kolonialgebietes, sowie der Sprachkontakt mit der indianischen Urbevölkerung in den Randgebieten der Kolonie muss nach Auffassung vieler Sprachhistoriker zu einer oder mehreren vereinfachten Mischsprachen, so genannten Pidgins, geführt haben. Diese Mischsprachen sind zwar nicht überliefert, für deren frühere Existenz lassen sich aber Beweise in der heutigen Sprache der Landbevölkerung und der unteren sozialen Schichten der Stadtbevölkerung finden.

Nach dem Verlust vieler portugiesischer Kolonien an die Niederlande nahm das Interesse Portugals am Gold und den Diamanten Brasiliens um 1700 zu. Die Portugiesen weiteten nun dort ihre Kolonialverwaltung aus und förderten die Einwanderung aus Portugal. Der portugiesische Anteil an der Bevölkerung wuchs und damit auch die Rolle des Portugiesischen als Verkehrs- und Handelssprache. Das Portugiesische setzte sich im gesamten damals erschlossenen Territorium durch und es kam zu einer deutlichen Verdrängung anderer Sprachen. Dies kam besonders in Rio de Janeiro zum Tragen, als 1807 der portugiesische Hof und Tausende Portugiesen vor den napoleonischen Truppen nach Brasilien flohen.

Rio de Janeiro wurde zu einer sowohl kulturell als auch sprachlich portugiesisch dominierten Stadt, von der aus anderthalb Jahrzehnte lang das gesamte portugiesische Weltreich regiert wurde. Die Folge sind einige bis heute bestehende phonetische Gemeinsamkeiten zwischen dem in Rio gesprochenen Carioca-Dialekt und dem europäischen Portugiesisch, die ansonsten in Brasilien kaum zu finden sind. Die Ergebnisse des Sprachkontaktes in der Kolonialzeit waren so tief greifend, dass sie nicht mehr rückgängig gemacht werden konnten. Es hat sich also in Brasilien eine eigenständige Variante des Portugiesischen mit eigenen, teils auch verbindlichen Regeln herausgebildet. Der Dokumentation, Beschreibung und Erklärung der verschiedenen Varianten des brasilianischen Portugiesisch widmen sich heute mehrere groß angelegte Forschungsprojekte in Brasilien.

Besonderheiten des brasilianischen Portugiesisch

Als Brasilianisch bezeichnet man die Variante des Portugiesischen, die in Brasilien gesprochen wird. Das brasilianische Portugiesisch unterscheidet sich hauptsächlich in der Aussprache und im Wortschatz vom übrigen Portugiesischen. Abgesehen von wenigen Ausnahmen stimmt die Grammatik weitestgehend überein.

Aussprache

Für ausländische Ohren klingt das Portugiesisch Brasiliens sehr weich und angenehm. Typisches Merkmal der Sprache sind die Lautfolgen ti und di, sowie das unbetonte te und de am Wortende, die in der Aussprache zu tschi und dschi werden, damit wird aus boa tarde boa tardschi und aus gente gentschi.

Ein weiteres Merkmal ist die Aussprache des Konsonanten l am Silben- und Wortende. Dieser wird ähnlich wie u ausgesprochen und so klingt beispielsweise das Wort carnaval in Brasilien wie karnavau.

Im Gegensatz zum europäischen Portugiesisch werden die Vokale eher offen ausgesprochen. In manchen Fällen entstehen sogar teilweise Sprossvokale um Konsonanten-Gruppen zu durchbrechen. So wird zum Beispiel aus dem englischen hot dog in der Aussprache hotschi dogi. Insgesamt ist der Klangeindruck des Brasilianischen wesentlich weicher, nasaler und melodischer als der des in Portugal gesprochenen Portugiesischen. Das Klangbild verändert sich gegenüber der geschriebenen Sprache stark, diese Feinheiten können mit Hilfe der Audio-CD leicht geübt werden.

Wortschatz

Neben anderen Sprachen haben insbesondere die Indianersprachen sowie die Sprachen der afrikanischen Sklaven ihre Spuren im Wortschatz hinterlassen. Dies gilt vor allem im Zusammenhang mit den afro-brasilianischen Religionen. So haben viele Namen von Orten, Flüssen und kulinarischen Gerichten indianische oder afrikanische Wurzeln. Zahlenmäßig signifikant ist der Wortschatz von Tier- und Pflanzenname, der vor allem aus der Indianersprache Tupi bereichert wurde.

Grammatik

Je nach Bildungsgrad des Sprechers und nach Region weicht die Grammatik vom gebräuchlichen Standard des europäischen Portugiesisch ab.

Besonders auffällig ist der fast allgemein verbreitete Verlust der 2. Person Singular und Plural bei der Konjugation des Verbs. Diese wurden durch die Formen você, vocês, die wie die dritte Person konjugiert werden, ersetzt. In unserem Buch wird der Vollständigkeit halber die in manchen Regionen Brasiliens verwendete 2. Person Singular tu bei den Verbtabellen gesondert erwähnt.

Reminiszenzen aus der Du-Form finden sich jedoch in der gesprochenen Sprache und je nach Region immer wieder. Die Höflichkeitsformen o senhor / a senhora (Sie, Sg., m., f.) bzw. os senhores / as senhoras (Sie, Pl., m., f.) werden in Brasilien nur gegenüber älteren Menschen oder in besonders formellen Situationen gebraucht. Das Verb steht wie bei você und vocês in der 3. Person Singular bzw. Plural.

Rechtschreibung

Im Portugiesischen werden nur Eigennamen groß geschrieben. Für den Deutschsprachigen ungewohnt sind die verschiedenen und häufig eingesetzten Akzente, die bei Bedarf anzeigen, welche Silbe eines Wortes die Betonung trägt, sowie der Buchstabe ç.

Tipps und Strategien für das Erlernen der Sprache

Die folgenden Tipps gelten teils für das Erlernen jeder Fremdsprache und sind nur in den letzten drei Fällen spezifisch für Brasilianischlerner.

Sicherlich einer der wichtigsten Hinweise, mit dem sich insbesondere viele ältere Lerner schwer tun, ist, dass man versuchen sollte, das Erlernte bei jeder Gelegenheit anzuwenden und dabei keine Angst zu haben, Fehler zu machen. Nur mit viel Übung, und vor allem durch das viele Sprechen, wird man schnell Fortschritte machen. Dieses Buch soll Ihnen mit vielen einfachen Übungen für Kommunikation, Grammatik, Wortschatz und Aussprache hierbei helfen. Schnelle Fortschritte werden die Lerner machen, die das Erlernte in authentischen Situationen anwenden. Bücher, Zeitungen, Zeitschriften, Internet und vor allem der Kontakt mit Brasilianisch auf Reisen oder auch mit Brasilianern, die hier wohnen, wird den Lernerfolg beschleunigen.

Denken Sie auch daran, dass man mit der Übung der vier Fertigkeiten **Lesen**, **Schreiben**, **Verstehen und Sprechen** am schnellsten lernt. Diesem integrierten Ansatz folgt auch dieses Buch. Beachten Sie, dass selbst wenn Sie eigentlich kein Interesse am Schreiben haben, Ihnen schriftliche Übungen beim Erlernen des Sprechens helfen. Auch das Leseverständnis hilft Ihnen, die Fremdsprache schneller zu verstehen.

Lerner, die andere romanische Sprache oder auch das Englische kennen, werden schnell merken, dass viele Wörter sich einfach ableiten lassen. Auch aus dem Lateinischen stammende deutsche Fremdwörter können hier als Eselsbrücke genommen werden. Oft ist der Wortstamm fast gleich und nur die Endung weicht ab. Zum Beispiel: Deutsche oder englische Wörter aus dem Lateinischen auf *-tion* enden im Brasilianischen auf -ção. Kommunikation → comunicação, education (Engl.: Erziehung / Bildung) → educação.

Deutschen Muttersprachlern fallen im Bereich Aussprache insbesondere die starke Nasalisierung (Laute die durch die Nase gesprochen werden – klingt ein wenig „verschnupft"), die melodische Intonation sowie das gerollte r schwer. Achten Sie frühzeitig auf Ihre Aussprache, da sich früh angewöhnte Abweichungen später nur noch mit viel Mühe korrigieren lassen. Versuchen Sie deshalb alles, was Sie lesen und lernen, laut vorzulesen bzw. vorzusprechen. Auch wenn Ihnen gerade kein Muttersprachler zur Seite steht, um die eventuellen Aussprachefehler zu korrigieren, werden Sie sich dadurch allmählich an den fremden Klang der Sprache gewöhnen.

Die Verben sind in der brasilianischen Sprache der Dreh- und Angelpunkt, darum haben wir viel Wert auf die Verbtabellen gelegt. Um die Vielfalt der Verben erlernen zu können, muss der Lerner in erster Linie folgende Verbformen beherrschen:
Infinitiv, 1. Person Präsens Indikativ und 3. Person Plural Perfekt Indikativ, denn vom Stamm dieser 3 Formen lassen sich in den meisten Fällen die Zeiten und Formen der portugiesischen Verben ableiten.

Insgesamt ist dieses Buch als zusätzliches Lernmittel konzipiert. Sollten Sie es aber (beispielsweise zur Wiederholung) von vorne bis hinten durcharbeiten wollen, empfehlen wir mit dem Bereich Aussprache zu beginnen und dann zum Wortschatz und zur Kommunikation überzugehen. Die Grammatik hingegen empfehlen wir schrittweise und parallel zu den anderen Kapiteln zu erlernen. Folgen Sie den Verweisen, wenn Ihnen in einer Lerneinheit etwas unklar ist oder wenn Sie die neuen Kenntnisse vertiefen wollen.

Wie Sie ansonsten am besten lernen, ob mit an Gegenstände geklebten Zettelchen, Karteikarten, mit mehrmaligem Aufschreiben, etc., hängt stark von den individuellen Präferenzen ab und Vorschläge hierzu würden den Rahmen sprengen. Am wichtigsten ist aber, dass Sie auf jeden Fall Spaß beim Lernen haben. Und genau diesen wünschen wir Ihnen mit diesem Buch.

Abkürzungen und grammatikalische Begriffe

Adjektiv (Adj.)	Eigenschaftswort
Adverb (Adv.).	Umstandswort
Demonstrativpronomen	hinweisendes Fürwort
Diphthong	Doppellaut
Femininum (f.)	weibliches Geschlecht
Futur	Zukunft
Genus	Geschlecht
Imperativ	Befehls- bzw. Aufforderungsform
Indefinitpronomen	unbestimmtes Fürwort
Indikativ	Wirklichkeitsform
Interrogativpronomen	Fragefürwort
Konjunktion	Bindewort
Konjunktiv	Möglichkeitsform
Konsonant	Mitlaut
Maskulinum (m.)	männliches Geschlecht
Numerus	Zahl
Pers.	Person
Personalpronomen	persönliches Fürwort
Plural (Pl.)	Mehrzahl
Possessivpronomen	besitzanzeigendes Fürwort
Präposition (Präp.)	Verhältniswort
Präsens	Gegenwart
Pronomen (Pron.)	Fürwort
Reflexivpronomen	rückbezügliches Fürwort
Relativpronomen	bezügliches Fürwort
Singular (Sg.)	Einzahl
Substantiv (Subst.)	Hauptwort
ugs.	umgangssprachlich
Vokal	Selbstlaut
wörtl.	wörtlich übersetzt

Aussprache: Alphabet und Vokale

Das Alphabet

1

A [a], **B** [be], **C** [se], **D** [de], **E** [ɛ], **F** ['ɛfi], **G** [ge], **H** [a'ga], **I** [i], **J** ['ʒɔta], **L** ['ɛli], **M** ['emi], **N** ['eni], **O** [ɔ], **P** [pe], **Q** [ke], **R** ['ɛʀi], **S** ['ɛsi], **T** [te], **U** [u], **V** [ve], **X** [ʃis], **Z** [ze]

Die Buchstaben K [ka], W ['dabliw] und Y ['ipsilõ] kommen nur in ausländischen Namen und Wörtern vor.

Die Vokale

Orale Vokale

a		offen, wie **a**lle	[a]	cada ['kada] jede(r)
	vor nh	geschlossen	[ɐ]	manhã [mɐ'ɲã] Vormittag
	häufig vor m, n			cama ['kɐma] Bett
e	in betonter oder unbetonter Silbe	geschlossen, wie g**e**ben	[e]	meter [me'teʀ] stecken
	in betonter Silbe	offen, wie h**e**ll	[ɛ]	tese ['tɛzi] These
	am unbetonten Wortende	wie **i**	[i]	fase ['fazi] Phase
	es, ex (als Vorsilbe) + Konsonant			escapar [iska'paʀ] flüchten expor [is'poʀ] darlegen
	vor bet. Silbe mit i, u			menino [mi'ninu] Junge
i				vila ['vila] Dorf
o		geschlossen, wie R**o**se	[o]	novo ['novu] neu
	bei ou wird das u nicht ausgesprochen (ugs.)			outro ['otru] anderer ouro ['oru] Gold
	in betonter Silbe	offen, wie **o**ft	[ɔ]	bota ['bɔta] Stiefel
	am unbetonten Wortende	wie **u**	[u]	tudo ['tudu] alles
	nach betonter Silbe			pérola ['pɛrula] Perle
	nach bet. Silbe als Diphthong			nódoa ['nɔdwa] Fleck
	vor bet. Silbe mit i, u			bonito [bu'nitu] schön
	in unbetonter Einzelsilbe			o [u] der, por [pur] durch
u				urubu [uru'bu] Aasgeier

Nasalierte Vokale

im, in	nicht am Wortende	[ĩ]	cinto ['sĩtu] Gürtel
em, en		[ẽ]	tempo ['tẽpu] Zeit
um, un		[ũ]	fundo ['fũdu] tief
om, on		[õ]	ontem ['õtẽj] gestern
am, an, ã	nicht im Auslaut von Verbformen	[ã]	antes ['ãtʃis] vorher

1 Ist das Alphabet eine Herausforderung für Sie? Hören Sie sich die folgenden Buchstaben an und schreiben Sie sie auf. (CD 2)

1. ____	6. ____	11. ____	16. ____	21. ____
2. ____	7. ____	12. ____	17. ____	22. ____
3. ____	8. ____	13. ____	18. ____	23. ____
4. ____	9. ____	14. ____	19. ____	
5. ____	10. ____	15. ____	20. ____	

2 Werden die fettmarkierten Vokale in diesen Wörtern offen oder geschlossen ausgesprochen? Hören Sie sich die Wörter an und ordnen Sie sie zu. (CD 3)

cada **tese** **cama** **ovo** **bota** **manhã** **ouro** **meter** **outro**

1. offene Vokale	2. geschlossene Vokale

3 In diesen Wörtern fehlen die Vokale. Hören Sie sich die Wörter auf der CD an und ergänzen Sie die fehlenden Vokale. (CD 4)

on o e a u i

1. ____tem gestern	6. p____r durch	11. m____ter stecken
2. ____utro anderer	7. fas____ Phase	12. b____ta Stiefel
3. t____se These	8. n____vo neu	13. tud____ alles
4. ____scapar flüchten	9. m____nino Junge	14. ____rubu Aasgeier
5. m____nhã Vormittag	10. pér____la Perle	15. v____la Dorf

4 Sprechen Sie diese Wörter in Silben aus. Achten Sie dabei auf die Aussprache der Vokale. Hören Sie sich anschließend die Wörter auf der CD an. (CD 5)

um, un	um eins, mun-do Welt, fun-do tief, um-bi-go Nabel
om, on	on-tem gestern, om-bro Schulter, bom gut, tom-bo Sturz
am, an, ã	ir-mã Schwester, sam-ba Samba, jan-tar Abendessen
em, en	tem-po Zeit, sen-tir spüren, ven-to Wind, lem-brar erinnern
im, in	cin-co fünf, fim Ende, cin-to Gürtel, as-sim so, jas-mim Jasmin

Aussprache: Konsonanten von c bis r

Die brasilianische Aussprache unterscheidet sich von Region zu Region. Es gibt keine Variante, die repräsentativ genug ist, um als Norm betrachtet zu werden.

Trotz aller Unterschiede lassen sich in den verschiedenen Varianten des Brasilianischen dennoch Regeln für eine allgemeine Aussprache finden.

c	vor a, o, u, Konsonanten	deutsches **k**	[k]	como ['komu] wie
	vor e und i	stimmlos, wie la**ss**en	[s]	cidade [si'dadʒi] Stadt
ç	vor a, o, u			açúcar [a'sukar] Zucker
ch		wie **Sch**uss	[ʃ]	chave ['ʃavi] Schlüssel
d	vor i	wie **Dsch**ungel	[dʒ]	dinheiro [dʒi'ɲejru] Geld
	vor e [i] am unbetonten Wortende			tarde ['taʀdʒi] spät
				de [dʒi] von
g	vor e und i	wie Gara**g**e	[ʒ]	girar [ʒi'raʀ] drehen
	vor a, o, u, Konsonanten	deutsches **g**, wie **g**anz	[g]	grande ['grãdʒi] groß
				gato ['gatu] Katze
gu	vor e und i			guia ['gia] Führer
gü	vor e, i	**gu**, wie **gu**t	[gw]	lingüiça [lĩ'gwisa] Wurst
h	wird nicht ausgesprochen	stumm		hora ['ɔra] Stunde, Uhrzeit
A1 j		wie **J**ournal	[ʒ]	jornal [ʒoʀ'naw] Zeitung
A1 l	am Silbenende nach a, e, i, o, u	wie **u**	[w]	Brasil [bra'ziw] Brasilien
				alma ['awma] Seele
lh		etwa wie **li** in Fami**li**e	[ʎ]	milho ['miʎu] Mais
				mulher [mu'ʎɛʀ] Frau
m	am, em, im, om, um		[˜]	tempo ['tẽpu] Zeit
				ímpar ['ĩpaʀ] ungerade
n	an, en, in, on, un			entrar [ẽ'traʀ] eintreten
				onze ['õzi] elf
nh		wie Ko**gn**ak	[ɲ]	tenho ['teɲu] ich habe
qu	vor e, i	wie **K**amel	[k]	quero ['kɛru] ich will
	vor a, o	**ku**, wie **Ku**li	[kw]	quase ['kwazi] fast
qü	vor e, i			tranqüilo [trã'kwilu] ruhig
r	zwischen Vokalen	leicht gerolltes Zungen-**r**	[r]	caro ['karu] teuer
	nach Konsonanten außer			prata ['prata] Silber
	rr zwischen Vokalen	leichtes bis starkes Zäpfchen-**r**	[ʀ]	burro ['buʀu] Esel
	am Wortanfang			rato ['ʀatu] Ratte
	am Silbenende			partir [paʀ'tʃiʀ] abreisen

1 Hören Sie sich die Wörter an und schreiben Sie die Anfangsbuchstaben auf. 6

1. ___ 2. ___ 3. ___ 4. ___ 5. ___ 6. ___ 7. ___ 8. ___ 9. ___ 10. ___
11. ___ 12. ___ 13. ___ 14. ___ 15. ___ 16. ___ 17. ___ 18. ___ 18. ___ 20. ___
21. ___ 22. ___ 23. ___ 24. ___ 25. ___ 26. ___

2 Wie wird r bzw. rr in den folgenden Wörtern ausgesprochen? Kreuzen Sie an.

	leicht gerolltes Zungen-**r**	leicht bis starkes Zäpfchen-**r**
1. b**r**uto brutal	X	
2. ba**rr**o Lehm		X
3. **r**abo Schwanz		X
4. ca**r**o teuer	X	
5. ma**r**cha**r** marschieren		X
6. b**r**anco weiß	X	
7. embo**r**a obwohl	X	
8. gen**r**o Schwiegersohn		X

3 In diesen Wörtern fehlen wichtige Konsonanten bzw. Konsonantengruppen. Hören Sie sich die Wörter auf der CD an und ergänzen Sie die fehlende Konsonanten. 7

1. ___rer glauben
2. ___amam sie rufen
3. ___ívida Schuld
4. mor___e er beisst
5. í___dio Indianer
6. ca___mo ruhig
7. la___gar loslassen
8. o___de wo
9. ___éu Himmel
10. a___úcar Zucker
11. ___ente Leute
12. mag___o dünn
13. ___erói Held
14. ___ama Lama
15. a___ma Seele
16. u___ubu Aasgeier
17. ma___ã Vormittag
18. sozi___o allein

4 Hören Sie sich die Wörter auf der CD an und ergänzen Sie die Wörter mit den fehlenden gu, gü, qu oder qü. 8

1. ___ia Führer
2. ar___ição Verhör
3. ___ero ich will
4. ___ilo Kilo
5. ___itarra Gitarre
6. cin___enta fünfzig
7. ___erra Krieg
8. ___ente heiss
9. tran___ilo ruhig
10. a___entar aushalten
11. fre___entar besuchen
12. a___i hier

Aussprache: Konsonanten von s bis z

s	am Wortanfang	wie la**ss**en	[s]	**s**im [sĩ] ja
	am Silbenanfang, nach Konsonanten (außer: trânsito)			ab**s**urdo [abi'suʀdu] absurd ar**s**enal [aʀse'naw] Arsenal
	am Wortende			atrá**s** [a'tras] hinter
	innerhalb des Wortes vor p, t, c [k], f, s (ss), ch			pa**ss**eio [pa'seju] Ausflug pa**s**to ['pastu] Weide
	intervokalisch im Wort und im Satzgefüge	wie le**s**en	[z]	sei**s** (h)oras [seizæ'ɔras] sechs Uhr me**s**a['meza] Tisch
	im Wortinneren und im Satzgefüge vor b, d, g, v, z, j, m, n			de**s**de ['dezdʒi] seit o**s** gatos [uz 'gatus] die Katzen
sc	vor i und e	wie ein einziger Buchstabe, wie kü**ss**en	[s]	di**sc**iplina [dʒisi'plina] Disziplin de**sc**er [de'seʀ] aussteigen
t	vor i vor e [i] am Wortende	schwaches **t** gefolgt vom deutschen **sch**	[tʃ]	**t**igre ['tʃigri] Tiger tes**t**e ['tɛstʃi] Test eli**t**e [e'litʃi] Elite
v		**v**, wie **V**ase	[v]	**ov**o ['ovu] Ei
x		wie **Sch**uss	[ʃ]	li**x**o ['liʃu] Müll
	ex vor Konsonanten	stimmlos, wie e**ss**en	[s]	pró**x**imo ['prɔsimu] nah e**x**cesso [e'sɛsu] Übermaß
	ex vor Vokalen	wie le**s**en	[z]	e**x**ato [e'zatu] genau
		wie **ks**	[ks]	tá**x**i ['taksi] Taxi
z	am Wortanfang zwischen Vokalen	wie le**s**en	[z]	**z**ona ['zona] Bereich rique**z**a [ʀi'keza] Reichtum
	am Wortende	wie ke**ss**	[s]	de**z** [dɛs] zehn

Bei der Aussprache der Konsonanten (außer l, m, n, r, s) gibt es eine Besonderheit: Wenn sie am Silbenende vor einem betonten Konsonanten (zwei Phoneme) oder am Wortende stehen, wird ein [i] angehängt:
a**b**surdo [ab(i)'suʀdu] absurd, Kin**g** Kon**g** ['king(i) 'kong(i)].

1 Sprechen Sie diese Wörter aus. Achten Sie dabei auf die Aussprache des „unsichtbaren [i]" nach Konsonanten. Hören Sie sich anschließend die Wörter auf der CD an. 9

a**b**surdo absurd, Kin**g** Kon**g** King Kong, interne**t** Internet, US**P** Universität von São Paulo, ho**t** do**g** Hot Dog, ra**p**tado entführt, sur**f** Surf

2 Wie wird das **t** in den folgenden Wörtern ausgesprochen? Kreuzen Sie an.

	wie schwaches **t** gefolgt vom deutschen **sch**	wie normales **t**
1. **t**igre Tiger	X	
2. exa**t**o genau		X
3. **t**este Test		X
4. tes**t**e Test	X	
5. eli**t**e Elite	X	
6. pas**t**o Weide		X
7. **t**io Onkel	X	
8. **t**áxi Taxi		X

3 Wie wird das s in diesen Wörtern ausgesprochen? Hören Sie sich die Wörter an und ordnen Sie sie zu. 10

sim   tese   passeio   absurdo   desde   mesa   atrás   pasto

[s] wie in la**ss**en	[z] wie in le**s**en

4 In diesen Wörtern fehlen wichtige Konsonanten bzw. Konsonantengruppen. Hören Sie sich die Wörter auf der CD an und ergänzen Sie die fehlenden Konsonanten. 11

1. ___ona Bereich
2. di___iplina Disziplin
3. dí___ida Schuld
4. de___de seit
5. pa___to Weide
6. ___udo alles
7. e___ato genau
8. de___er aussteigen
9. li___o Müll
10. o___o Ei
11. ga___o Katze
12. tá___i Taxi

Aussprache: Diphthonge / Betonung / Akzente

Diphthonge

Oraldiphthonge

ai		wie **Ei**	[aj]	abaixo [a'bajʃu] darunter
	vor [ʃ] oder [ʒ] (ugs.)	wie **a**lle	[a]	aba(i)xo [a'baʃu] darunter
au		wie **Bau**	[aw]	pau ['pau] Knüppel
ei		wie Spr**ay**	[ej]	banheiro [ʃu'vejru] Bad
	im Wortinneren (ugs.)	wie g**e**ben	[e]	banhe(i)ro [ba'ɲeru] Bad
éi			[ɛj]	anéis [a'nɛjs] Ringe
eu			[ew]	meu [mew] mein(s)
éu			[ɛw]	céu [sɛw] Himmel
iu			[iw]	riu [ʀiw] er lachte
oi			[oj]	boi [boj] Ochse
ói		wie **Heu**	[ɔj]	lençóis [lẽ'sɔjs] Betttücher
ui	außer muito	wie … pf**ui**!	[uj]	azuis [a'zujs] blau (Pl.)

Nasaldiphthonge

ãe, ãi		[ãj]	pães [pãjs] Brote
ão		[ãw]	mão [mãw] Hand
am	im Auslaut bei Verbformen		cantam ['kãtãw] sie singen
em	am Wortende		tem [tẽj] er hat
en	am Wortende	[ẽj]	hífen ['ifẽj] Bindestrich
	innerhalb von abgeleiteten Wörtern		benzinho [bẽj'ziɲu] Liebling
õe		[õj]	anões [a'nõjs] Zwerge
ui	Achtung: nur **ui** in muito ist nasal	[ũj]	muito ['mũjtu] viel, sehr

Betonung und Akzente

Im Brasilianischen erfolgt die Betonung gewöhnlich auf der vorletzten Silbe. Alle Wörter (ohne Ausnahme!), die auf der drittletzten Silbe betont sind, tragen einen Akzent (Akut oder Zirkumflex): árvore ['aʀvori] Baum, âmago ['ãmagu] Kern.

Auf der letzten Silbe hingegen werden betont:

• Wörter mit Diphthongendung	**ladrão** [la'drãw] Dieb
	bebeu [be'bew] er trank
• Wörter mit nasalierter Vokalendung,	**maçã** [ma'sã] Apfel
• Wörter mit i oder u in der Endsilbe	**tabu** [ta'bu] Tabu
• Wörter mit Konsonantenendung (außer m, s)	**dizer** [dʒi'zeʀ] sagen

1 Kreuzen Sie die Wörter an, die auf der letzten Silbe betont werden. Kontrollieren Sie anschließend die Übung mit Hilfe der CD. (CD 12)

A ☐ canção Lied
C ☐ fazer machen
E ☐ amanhã morgen
B ☐ óculos Brille,
D ☐ saúde Gesundheit
F ☐ depois danach

2 Sprechen Sie diese Wörter in Silben aus. Achten Sie dabei auf die Aussprache der Diphthonge. Hören Sie sich anschließend die Wörter auf der CD an. (CD 13)

ãe, ãi	pães Brote, cãi-bra Muskelkrampf, mães Mütter, cães Hunde
ão	ir-mão Bruder, ma-mão Papaja, in-for-ma-ção Information
am	an-dam sie gehen, pu-lam sie springen, fa-lam sie sprechen
em, en	ben-zi-nho Schatz, sen-tem sie spüren, hí-fen Bindestrich
õe	co-ra-ções Herzen, põe er stellt, li-mões Zitronen, ba-lões Luftballons
ui	a-zuis blau (Pl.), mui-to viel, sehr, fui ich ging
éi	a-néis Ringe, ho-téis Hotels, pa-péis Papiere
ói	sóis Sonnen, an-zóis Angelhaken (Pl.), len-çóis Betttücher

3 Hören Sie sich die Wörter an und ergänzen Sie die fehlenden Diphthonge. (CD 14)

õe ão em ói am ui ãe éi au iu éu

1. an___s Zwerge
2. canç___ Lied
3. m___ Hand
4. carac___s Schnecken
5. past___s Pasteten
6. az___s blau (Pl.)
7. c___ Himmel
8. danç___ sie tanzen
9. alem___s Deutsche (Pl.)
10. sab___ sie wissen
11. p___ Knüppel
12. r___ er lachte

Es gibt im Brasilianischen drei Akzente:

agudo	Akut	offen	herói (Held), açúcar (Zucker)
grave	Gravis	offen	à (Präp. + Artikel), àquilo (Präp. + Pron.)
circunflexo	Zirkumflex	geschlossen	mês (Monat), fêmea (Weibchen)

Außer den Akzenten, gibt es die Tilde (til), um auf nasalierte Vokale hinzuweisen (z. B. mão – Hand). Ein Umlaut (trema) wie auf güe, güi, qüe und qüi bedeutet, dass das **u** ausgesprochen wird.

Persönliche Angaben

K3

Angaben zur Person Dados pessoais

o nome	Name
o sobrenome	Nachname
a data de nascimento	Geburtsdatum
o local de nascimento	Geburtsort
a nacionalidade	Nationalität
o estado civil	Familienstand
o endereço	Adresse
o homem	Mann
a mulher	Frau
o país de origem	Herkunftsland
o número de telefone	Telefonnummer
o endereço eletrônico	E-Mail-Adresse
o local de trabalho	Arbeitsort
a profissão	Beruf
a religião	Religion
a altura	Körpergröße
o peso	Gewicht
masculino	männlich
feminino	weiblich
a idade	Alter

Dokumente Documentos

o passaporte	Reisepass
a carteira de identidade	Ausweis
o visto	Visum
a carteira de motorista	Führerschein
o cartão de crédito	Kreditkarte
a assinatura	Unterschrift

Charaktereigenschaften Personalidade

amável	freundlich
engraçado, -a	lustig
tranqüilo, -a	ruhig
bem-humorado, -a	gut gelaunt
curioso, -a	neugierig
convencido, -a	eingebildet
preguiçoso, -a	faul
chato, -a	langweilig
educado, -a	höflich
simpático, -a	sympathisch
antipático, -a	unsympathisch
bobo, -a / tolo, -a	dumm
alegre	fröhlich
triste	traurig

Aussehen Aparência

a cor dos olhos	Augenfarbe
a cor dos cabelos	Haarfarbe
a cor da pele	Hautfarbe
ter bigode	einen Schnauzbart haben
ter barba	einen Bart haben
ser careca	eine Glatze haben
ter cabelos longos / curtos	lange / kurze Haare haben
esportivo, -a	sportlich
ter pele clara	hellhäutig sein
moreno, -a	dunkelhäutig
bonito, -a	hübsch
feio, -a	hässlich
grande	groß
pequeno, -a	klein
magro, -a	schlank
gordo, -a	dick
alto, -a	groß (wörtl. hoch)
baixo, -a	klein (wörtl. niedrig)
velho, -a	alt
jovem	jung

1 Ergänzen Sie die Oberbegriffe zu den Angaben.

1. peso: 56 kg
2. altura: 1,68 m
3. nome: Maria
4. a data de nascimento: 12.01.1974
5. o local de nascimento: München
6. numero de telefone: 2427839
7. pais de origen: Deutschland
8. endereco electronico: maria@mail.de

2 Welche Adjektive gehören zur welcher Gruppe? Ordnen Sie zu.

moreno engraçado feio convencido gordo alto simpático
curioso amável baixo magro bobo preguiçoso careca velho

1. Aussehen	2. Charaktereigenschaften

3 Nach welchen Dokumenten bzw. persönlichen Angaben werden Sie wo gefragt? Kreuzen Sie an.

1. na fronteira:
   an der Grenze:
   A ☐ visto
   B ☐ peso
   C ☐ passaporte
   D ☐ cartão de crédito

2. no banco:
   in der Bank:
   A ☐ religião
   B ☐ idade
   C ☐ altura
   D ☐ endereço

3. num controle de trânsito:
   bei einer Verkehrskontrolle:
   A ☐ carteira de motorista
   B ☐ endereço eletrônico
   C ☐ data de nascimento
   D ☐ altura

4 Füllen Sie dieses Formular für sich selbst aus.

NOME / SOBRENOME: ______________________

IDADE: ______________________

DATA DE NASCIMENTO: ______________________

ALTURA: ______________________

PESO: ______________________

NÚMERO DE TELEFONE: ______________________

Berufe / Arbeitsorte

G1 K3

Beruf	Profissão	Arbeitsort	Local de trabalho
ator / atriz	Schauspieler, -in	o teatro	Theater
bancária, -o	Bankangestellte, -r	o banco	Bank
bombeiro, -a	Feuerwehrmann, -frau	o corpo de bombeiros	Feuerwehr
cabeleireiro, -a	Friseur, -in	o salão de beleza	Friseursalon
cantor, -a	Sänger, -in	o palco	Bühne
carteiro, -a	Briefträger, -in	o correio	Post
cientista (m., f.)	Wissenschaftler, -in	o instituto científico	Institut
cozinheiro, -a	Koch / Köchin	a cozinha	Küche
dentista (m., f.)	Zahnarzt / -ärztin	o consultório	Praxis
diretor, -a	Direktor, -in	a firma	Firma
engenheiro, -a	Ingenieur, -in	o escritório	Büro
enfermeiro, -a	Krankenpfleger, -in	o hospital	Krankenhaus
escritor, -a	Schriftsteller, -in	a editora	Verlag
farmacêutico, -a	Apotheker, -in	a farmácia	Apotheke
garçom / garçonete	Kellner, -in	o restaurante	Restaurant
gerente (m., f.)	Geschäftsführer, -in	a empresa	Unternehmen
homem / mulher de negócios	Geschäftsmann, -frau	a multinacional	internationales Unternehmen
jogador, -a de futebol	Fußballspieler, -in	o campo de futebol	Fußballplatz
mecânico, -a	Mechaniker, -in	a oficina	Werkstatt
médico, -a	Arzt / Ärztin	o consultório	Praxis
motorista (m., f.)	Fahrer, -in	o táxi	Taxi
operário, -a	Arbeiter, -in	a fábrica	Fabrik
padeiro, -a	Bäcker, -in	a padaria	Bäckerei
pintor, -a	Maler, -in	o atelier	Atelier
policial (m., f.)	Polizist, -in	a polícia	Polizei
político, -a	Politiker, -in	o congresso	Parlament
professor, -a	Lehrer, -in	a escola	Schule
secretário, -a	Sekretär, -in	o escritório	Büro
vendedor, -a	Verkäufer, -in	a loja	Laden
veterinário, -a	Tierarzt / -ärztin	o (jardim) zoológico	Zoo

1 Wer arbeitet wo? Ordnen Sie zu.

1. cozinheiro
2. engenheiro
3. dentista
4. professor

A consultório
B escola
C cozinha
D escritório

2 Hier steht entweder die männliche oder die weibliche Berufsbezeichnung. Ergänzen Sie das fehlende Gegenstück, z. B. secretário – secretária.

1. garçom – ____________________
2. diretor – ____________________
3. ____________________ – enfermeira
4. ____________________ – gerente
5. homem de negócios – ____________________
6. ator – ____________________
7. ____________________ – policial
8. ____________________ – vendedora

3 Welcher Beruf ist gemeint? Geben Sie in Ihrer Antwort die männliche und die weibliche Form an.

1. Person, die Haare schneidet: ____________________
2. Person, die Bücher schreibt: ____________________
3. Person, die Brot bäckt: ____________________
4. Person, die Arzneimittel verkauft: ____________________

4 Was sind oder waren diese Personen von Beruf? Kreuzen Sie an.

1. Luciano Pavarotti
   - A ☐ político
   - B ☐ cantor
   - C ☐ pintor
2. Pelé
   - A ☐ escritor
   - B ☐ político
   - C ☐ jogador de futebol
3. Jorge Amado
   - A ☐ bancário
   - B ☐ escritor
   - C ☐ carteiro
4. Nelson Mandela
   - A ☐ político
   - B ☐ médico
   - C ☐ engenheiro
5. Albert Einstein
   - A ☐ homem de negócios
   - B ☐ cantor
   - C ☐ cientista
6. Grace Kelly
   - A ☐ atriz
   - B ☐ policial
   - C ☐ professora

Länder / Nationalitäten / Sprachen

G3

	Land País	Nationalität Nacionalidade	Sprache Língua
Angola	Angola	angolano, -a	português
Argentinien	a Argentina	argentino, -a	espanhol
Bolivien	a Bolívia	boliviano, -a	espanhol
Brasilien	o Brasil	brasileiro, -a	português
Chile	o Chile	chileno, -a	espanhol
China	a China	chinês, -esa	chinês
Deutschland	a Alemanha	alemão / alemã	alemão
England	a Inglaterra	inglês, -esa	inglês
Frankreich	a França	francês, -esa	francês
Griechenland	a Grécia	grego, -a	grego
Holland	a Holanda	holandês, -esa	holandês
Italien	a Itália	italiano, -a	italiano
Japan	o Japão	japonês, -esa	japonês
Kanada	o Canadá	canadense	inglês, francês
Kap Verde	Cabo Verde	caboverdiano, -a	português
Kolumbien	a Colômbia	colombiano, -a	espanhol
Kuba	Cuba	cubano, -a	espanhol
Mexiko	o México	mexicano, -a	espanhol
Mosambik	Moçambique	moçambicano, -a	português
Norwegen	a Noruega	norueguês, -esa	norueguês
Österreich	a Áustria	austríaco, -a	alemão
Paraguay	o Paraguai	paraguaio, -a	espanhol
Polen	a Polônia	polonês, -esa	polonês
Portugal	Portugal	português, -esa	português
Rumänien	a Romênia	romeno, -a	romeno
Russland	a Rússia	russo, -a	russo
Schweden	a Suécia	sueco, -a	sueco
Schweiz	a Suíça	suíço, -a	suíço-alemão
Spanien	a Espanha	espanhol, -a	espanhol
Türkei	a Turquia	turco, -a	turco
Ungarn	a Hungria	húngaro, -a	húngaro
Uruguay	o Uruguai	uruguaio, -a	espanhol
USA	os Estados Unidos	americano, -a	inglês

Vor Ländernamen steht meistens der bestimmte Artikel.

Verben Verbos

morar em ...	wohnen in ...	viajar para ...	fahren nach ...
passar férias em ...	Urlaub machen in ...	ser / vir de ...	stammen / kommen aus ...

Wortschatz

1 Welche dieser Länder sind direkte Nachbarn? Kreuzen Sie an.

1. Brasil
   - A ☐ México
   - B ☐ Argentina
   - C ☐ Angola
2. Portugal
   - A ☐ Turquia
   - B ☐ Rússia
   - C ☐ Espanha
3. Canadá
   - A ☐ Estados Unidos
   - B ☐ Japão
   - C ☐ Cuba

2 Welche Hauptstadt gehört zu welchem Land? Ordnen Sie zu.

1. ☐ Maputo	A ☐ Portugal
2. ☐ Luanda	B ☐ Brasil
3. ☐ Berlim	C ☐ Angola
4. ☐ Brasília	D ☐ Alemanha
5. ☐ Lisboa	E ☐ Moçambique

3 Welche Sprache sprechen die Menschen welcher Nationalität? Ergänzen Sie die Sätze nach dem Muster. G5

Os brasileiros falam português. Die Brasilianer sprechen Portugiesisch.

1. Os chilenos falam ______________ .
2. Os angolanos falam ______________ .
3. ______________ falam francês.
4. ______________ falam holandês.
5. ______________ falam espanhol.
6. Os moçambicanos falam ______________ .
7. ______________ falam português.
8. Os canadenses falam ______________ .

4 Aus welchem Land kommen diese berühmten Persönlichkeiten? Ergänzen Sie die Nationalität und die Sprache.

Espanha	Alemanha	Itália	Estados Unidos
França	Cuba	Brasil	Cabo Verde

1. Marlene Dietrich: ______________________________
2. Leonardo da Vinci: ______________________________
3. Cesária Évora: ______________________________
4. Napoleão Bonaparte: ______________________________
5. Antônio Gaudi: ______________________________
6. Fidel Castro: ______________________________
7. Marilyn Monroe: ______________________________
8. Gilberto Gil: ______________________________

Familie

Familienmitglieder Membros da família

				Koseformen
o avô	Großvater	os avós	Großeltern	vôvô
a avó	Großmutter			vóvó
o neto	Enkel	os netos	Enkel	
a neta	Enkelin			
o pai	Vater	os pais	Eltern	papai
a mãe	Mutter			mamãe
o marido	Ehemann	o casal	Ehepaar	
a mulher / a esposa	Ehefrau			
o filho	Sohn	os filhos	Kinder	
a filha	Tochter			
o irmão	Bruder	os irmãos	Geschwister	mano
a irmã	Schwester			mana
o tio	Onkel	os parentes	Verwandtschaft	
a tia	Tante			
o sobrinho	Neffe			
a sobrinha	Nichte			
o primo	Cousin			
a prima	Cousine			
o sogro	Schwiegervater	os sogros	Schwiegereltern	
a sogra	Schwiegermutter			
o genro	Schwiegersohn			
a nora	Schwiegertochter			
o padrasto	Stiefvater			
a madrasta	Stiefmutter			

G3

Familienstand Estado civil

casado, -a	verheiratet	noivo, -a	verlobt
solteiro, -a	ledig	viúvo, -a	verwitwet
separado, -a	getrennt	divorciado, -a	geschieden

Familienfeste und -ereignisse Acontecimentos e festas familiares

o casamento	Hochzeit	o divórcio	Scheidung
o noivado	Verlobung	o aniversário	Geburtstag
o batizado	Taufe	o enterro	Beerdigung
o nascimento	Geburt	a formatura	Studienabschluss
a separação	Trennung	o aniversário de casamento	Hochzeitstag

Wortschatz

1 Finden Sie das passende Gegenstück, z. B.

1. primo – prima
2. pai – ______________________
3. genro – ______________________
4. ______________________ – irmã
5. marido – ______________________
6. ______________________ – avó
7. tio – ______________________
8. sogro – ______________________
9. ______________________ – neta
10. filho – ______________________

2 Wer ist das? Versuchen Sie, die Rätsel zu lösen – natürlich auf Brasilianisch!

1. Der Sohn Ihres Vaters, aber nicht Sie, ist Ihr ______________________ .
2. Der Vater Ihrer Mutter ist Ihr ______________________ .
3. Der Sohn Ihres Onkels ist Ihr ______________________ .
4. Die Mutter Ihres Mannes / Ihrer Frau ist Ihre ______________________ .
5. Ihre Brüder und Ihre Schwestern sind Ihre ______________________ .
6. Die Schwester Ihrer Mutter ist Ihre ______________________ .

3 Wie ist der Familienstand dieser Menschen? Ergänzen Sie das fehlende Wort in der Lücke.

1. João hat eine Frau. Ele é ______________________ .
2. Die Frau von Antônio ist gestorben. Ele é ______________________ .
3. Maria hat sich von ihrem Mann getrennt. Ela está / vive ______________________ .
4. Rita hat einen Mann. Ela é ______________________ .

Und wie ist Ihr Familienstand? Eu sou ______________________ .

4 Die Menschen links haben ein convite (Einladungskärtchen) zu verschiedenen Anlässen geschrieben. Wer hat was geschrieben?

1. Julia und André wollen heiraten.	A	convite de aniversário
2. Pedro feiert Geburtstag.	B	convite de batizado
3. Éricas und Mários Baby wird getauft.	C	convite de casamento

Wortschatz

Freizeit / Hobbys

K8

Hobby Lazer

viajar	reisen	cantar	singen
ler (livros)	(Bücher) lesen	dançar	tanzen
aprender línguas	Sprachen lernen	festejar / fazer farra	feiern
cozinhar	kochen	fazer compras	shoppen gehen
encontrar amigos	Freunde treffen	jogar no computador	am Computer spielen
ver televisão	fernsehen	caminhar pelas montanhas	wandern
tirar fotografias / fotografar	fotografieren	passear	spazieren gehen
praticar esporte	Sport treiben	ouvir música	Musik hören

Kunst und Kultur Arte e cultura

a pintura	Malerei	o teatro	Theater
pintar	malen	assistir a uma peça de teatro	ein Theaterstück sehen
a exposição	Ausstellung	ir ao teatro	ins Theater gehen
ver uma exposição	eine Ausstellung besuchen	o cinema	Kino
a música	Musik	ir ao cinema ir no cinema (ugs.)	ins Kino gehen
tocar um instrumento	ein Instrument spielen	ver um filme	einen Film anschauen
o concerto / o show	Konzert	ir ao show / ir ao concerto	ins Konzert gehen

Sport Esportes

o atletismo	Leichtathletik	a natação	Schwimmen
o basquete	Basketball	nadar	schwimmen
jogar basquete	Basketball spielen	o tênis	Tennis
o futebol	Fußball	o vôlei (de praia)	(Beach) Volleyball
jogar futebol	Fußball spielen	fazer cooper	joggen
assistir a uma partida de futebol	ein Fußballspiel anschauen	jogar capoeira	Capoeira machen / tanzen

1 Was mag Antônio und was mag Maria? Ordnen Sie die Hobbys der entsprechenden Person zu.

dançar   viajar   pintar   jogar basquete   fazer cooper   ler   nadar
caminhar pelas montanhas   assistir a uma partida de futebol   cantar

Antônio gosta de :

1. singen: ______
2. reisen: ______
3. schwimmen: ______
4. wandern: ______
5. Basketball spielen: ______

Maria gosta de:

6. lesen: ______
7. tanzen: ______
8. malen: ______
9. joggen: ______
10. ein Fußballspiel anschauen: ______

Und was sind Ihre Hobbys? ______

2 Was passt zusammen? Ordnen Sie zu.

1. jogar
2. ver
3. ir

A tênis
B televisão
C cinema
D filme
E futebol
F teatro
G basquete
H concerto

3 Das, was andere Menschen als Hobbys bezeichnen, haben diese Menschen zu ihrem Beruf gemacht. Um welchen Bereich handelt es sich? Kreuzen Sie an.

1. Robert de Niro
   A ☐ esporte
   B ☐ cinema
   C ☐ pintura

2. Ayrton Senna
   A ☐ arte
   B ☐ esporte
   C ☐ música

3. Vincent van Gogh
   A ☐ dança
   B ☐ teatro
   C ☐ pintura

4. Ronaldo
   A ☐ tênis
   B ☐ futebol
   C ☐ pintura

5. Carlos Santana
   A ☐ tocar guitarra
   B ☐ fotografia
   C ☐ dançar

6. Mark Spitz
   A ☐ cozinhar
   B ☐ atletismo
   C ☐ natação

Zahlen

G5

0 – 10

zero	null		
um / uma (m., f.)	eins	primeiro, -a	erster
dois / duas (m., f.)	zwei	segundo, -a	zweiter
três	drei	terceiro, -a	dritter
quatro	vier	quarto, -a	vierter
cinco	fünf	quinto, -a	fünfter
seis	sechs	sexto, -a	sechster
sete	sieben	sétimo, -a	siebter
oito	acht	oitavo, -a	achter
nove	neun	nono, -a	neunter
dez	zehn	décimo, -a	zehnter

11 – 19

onze	elf	décimo primeiro, -a	elfter
doze	zwölf	décimo segundo, -a	zwölfter
treze	dreizehn	décimo terceiro, -a	dreizehnter
catorze	vierzehn	décimo quarto, -a	vierzehnter
quinze	fünfzehn	décimo quinto, -a	fünfzehnter
dezesseis	sechzehn	décimo sexto, -a	sechzehnter
dezessete	siebzehn	décimo sétimo, -a	siebzehnter
dezoito	achtzehn	décimo oitavo, -a	achtzehnter
dezenove	neunzehn	décimo nono, -a	neunzehnter

20 – 90

vinte	zwanzig	sessenta	sechzig
trinta	dreißig	setenta	siebzig
quarenta	vierzig	oitenta	achtzig
cinqüenta	fünfzig	noventa	neunzig

G5

100 – 1000

cem	hundert	seiscentos, -as	sechshundert
cento e um / uma	hunderteins	setecentos, -as	siebenhundert
duzentos, -as	zweihundert	oitocentos, -as	achthundert
trezentos, -as	dreihundert	novecentos, -as	neunhundert
quatrocentos, -as	vierhundert	mil	tausend
quinhentos, -as	fünfhundert	um milhão	eine Million
		um bilhão	eine Milliarde

Die Ordnungszahlen werden entweder ausgeschrieben oder mit Punkt bzw. kleinem hochgestellten o (m.) / a (f.) geschrieben, z. B.: 1º, 1ª oder 10º, 10ª.

Wortschatz

1 Bringen Sie die Zahlen in die richtige Reihenfolge. Ergänzen Sie dann die dazu passenden Ordnungszahlen.

nove	seis	quatro	dois / duas	três	oito	sete	cinco

1: um, uma primeiro, primeira

2: ______ – ______ 6: ______ – ______

3: ______ – ______ 7: ______ – ______

4: ______ – ______ 8: ______ – ______

5: ______ – ______ 9: ______ – ______

2 Schreiben Sie diese Telefonnummern in Zahlwörtern von eins bis zehn auf.

1. 51043: cinco, ______
2. 89267: ______

3 Schreiben Sie die ausgeschriebene Zahl in Ziffern auf.

1. doze: ______
2. dezenove: ______
3. quinze: ______
4. dezessete: ______
5. onze: ______
6. dezoito: ______
7. treze: ______
8. catorze: ______
9. dezesseis: ______

4 Beantworten Sie die Fragen mit den ausgeschriebenen Ordnungszahlen. Die Angaben in Klammern helfen Ihnen.

1. Moro no ______ (9º) andar. Ich wohne im neunten Stock.
2. Maria está na ______ (3ª) série. Maria ist in der dritten Klasse.
3. Eu quero me sentar na ______ (5ª) fileira do teatro.
   Ich möchte in der fünften Reihe im Theater sitzen.
4. O meu time de futebol está no ______ (10º) lugar no torneio.
   Meine Fußballmannschaft ist in der Meisterschaft auf dem zehnten Tabellenplatz.

5 X mais Y é igual a … Addieren Sie die Zahlen und schreiben Sie das Ergebnis aus.

1. 37 + 20 = ______
2. 58 + 10 = ______
3. 146 + 100 = ______
4. 229 + 300 = ______

Zeitangaben

Jahreszeiten Estações do ano

o inverno	Winter	o verão	Sommer
a primavera	Frühling	o outono	Herbst

Monate Meses

janeiro	Januar	julho	Juli
fevereiro	Februar	agosto	August
março	März	setembro	September
abril	April	outubro	Oktober
maio	Mai	novembro	November
junho	Juni	dezembro	Dezember

Die Monatsnamen werden in Brasilien klein geschrieben und stehen ohne Artikel.

K10

Wochentage Dias da semana

a semana	Woche	a quinta-feira	Donnerstag
a segunda-feira	Montag	a sexta-feira	Freitag
a terça-feira	Dienstag	o sábado	Samstag
a quarta-feira	Mittwoch	o domingo	Sonntag
o fim-de-semana	Wochenende	os dias úteis	Werktage

Datum Data

1998	mil novecentos e noventa e oito (wörtlich: tausend neun hundert achtundneunzig)
10.02.2006	dez de fevereiro de dois mil e seis

Bei Datumsangaben gebraucht man keine Ordnungszahlen.

Zeitangaben Expressões de tempo

ontem	gestern	depois de amanhã	übermorgen
anteontem	vorgestern	nunca	nie
hoje	heute	sempre	immer
amanhã	morgen	às vezes	manchmal

Tageszeiten Horas do dia

de manhã	morgens	à noite / de noite	abends / nachts
a manhã	Morgen	a noite	Abend / Nacht
de / à tarde	nachmittags	de madrugada	nachts / im Morgengrauen
a tarde	Nachmittag	a madrugada	Nacht (ab 1 Uhr morgens)

Uhrzeit Horas

a hora	Stunde / Uhrzeit	em ponto	Punkt (genau)
o minuto	Minute	antes	vor
o segundo	Sekunde	depois	nach
o relógio	Uhr	o meio-dia	Mittag
a meia hora	halbe Stunde	a meia-noite	Mitternacht

	Umgangssprache	offiziell
9:30	nove **e** meia	nove horas e trinta minutos
2:55	cinco **para** as três	duas horas e cinqüenta e cinco minutos
22:45	quinze **para** as onze	vinte e duas horas e quarenta e cinco minutos

1 Zur welcher Jahreszeit in **Brasilien** gehören diese Monate? Ordnen Sie zu. Aber Vorsicht, Brasilien liegt auf der Südhalbkugel.

junho setembro agosto janeiro julho dezembro
novembro maio março fevereiro abril outubro

1. primavera	2. verão	3. outono	4. inverno

2 Verbinden Sie die ausgeschriebene Datumsangabe mit der entsprechenden Form in Ziffern. W6

1. três de março de dois mil e seis — A 15.01.1970
2. quinze de janeiro de mil novecentos e setenta — B 28.06.2001
3. vinte e oito de junho de dois mil e um — C 07.09.1922
4. sete de setembro de mil novecentos e vinte e dois — D 03.03.2006

3 Wie spät ist es? – Que horas são? Tragen Sie die Uhrzeit ein. W6

14:00	08:30	12:50
1. ____________	2. ____________	3. ____________

4 Geben Sie die Zeitangaben auf Brasilianisch an.

1. Die Zeit zwischen 6 und 12 Uhr (morgens): ____________
2. Der Tag nach heute: ____________
3. Nicht immer: ____________

In der Stadt

K11

Allgemein Geral

a auto-estrada	Autobahn
a avenida	Allee
o bairro	Stadtviertel
o campo	Dorf / Land
a capital	Hauptstadt
o centro	Zentrum
a cidade	Stadt
o estado	Bundesland
a periferia	Außenbezirk
a rua	Straße

Einrichtungen und Gebäude Instituições e edifícios

o banco	Bank
a biblioteca	Bibliothek
o cemitério	Friedhof
o cinema	Kino
o corpo de bombeiros	Feuerwehr
o correio	Post
o clube	Club / Verein
a discoteca	Diskothek
a escola	Schule
a estação (central)	(Haupt-)Bahnhof
o estacionamento	Parkplatz
a farmácia	Apotheke
a favela	Armenviertel in Brasilien, Slum
a galeria	Galerie
o hospital	Krankenhaus
a igreja	Kirche
o jardim de infância	Kindergarten
a loja	Geschäft
o monumento	Denkmal
o museu	Museum
o parque	Park
a piscina	Schwimmbad
a polícia	Polizei
a praça	Platz
a praia	Strand
o prédio	Gebäude
a prefeitura	Rathaus
a quadra de esportes	Sportplatz
o shopping (center)	Einkaufszentrum
o teatro	Theater
a universidade	Universität

Geschäfte Lojas

o açougue	Metzgerei
a agência de viagens	Reisebüro
a banca de revistas	Kiosk
a feira	Wochenmarkt
a floricultura	Blumenladen
a lavanderia	Wäscherei
a livraria	Buchhandlung
o mercadinho	Markt
a padaria	Bäckerei
a sapataria	Schuhgeschäft
o supermercado	Supermarkt
a vitrine	Schaufenster

a loja de …

… (artigos) eletrodomésticos	Haushaltswarenladen
… artigos esportivos	Sportgeschäft
… brinquedos	Spielwarenladen
… roupas	Bekleidungsgeschäft

1 Kreuzen Sie an. Wohin gehen Sie, wenn Sie …

1. … zum Arzt müssen?
   - A ☐ escola
   - B ☐ polícia
   - C ☐ cinema
   - D ☐ hospital
2. … Blumen kaufen wollen?
   - A ☐ estacionamento
   - B ☐ loja
   - C ☐ floricultura
   - D ☐ biblioteca
3. … Medizin brauchen?
   - A ☐ banco
   - B ☐ farmácia
   - C ☐ universidade
   - D ☐ sapataria
4. … spazieren gehen wollen?
   - A ☐ parque
   - B ☐ lavanderia
   - C ☐ discoteca
   - D ☐ jardim de infância

2 In welches Geschäft gehen Sie, wenn Sie Folgendes kaufen wollen?

sapataria   loja de artigos esportivos   loja de brinquedos   padaria
livraria   loja de roupas   supermercado   açougue

1. Lebensmittel: ______________________
2. Schuhe: ______________________
3. Brot: ______________________
4. Spielzeug: ______________________
5. Bücher: ______________________
6. Kleidung: ______________________
7. Tennisschläger: ______________________
8. Fleisch: ______________________

3 Es gibt viel Sehenswertes in Brasilien. Übersetzen Sie diese Sehenswürdigkeiten ins Brasilianische.

1. St. Franziskus **Kirche**: ______________________ de São Francisco
2. Cristo Redentor **Denkmal**: ______________________ do Cristo Redentor
3. Castro Alves **Platz**: ______________________ Castro Alves
4. Tijuca **Park**: ______________________ da Tijuca
5. Afrobrasilianisches **Museum**: ______________________ afro-brasileiro
6. Copacabana **Strand**: ______________________ de Copacabana

Restaurant / Speisen und Getränke

W10
K12

Gastronomie Gastronomia

o bar	Bar	o restaurante	Restaurant
a lanchonete	Imbissstube	a churrascaria	Grillrestaurant
o rodízio	all you can eat	a comida a quilo	Essen nach Gewicht

Im Restaurant No restaurante

reservar	reservieren	o prato do dia	Hauptgericht
o garçom / a garçonete	Kellner, -in	o prato principal	Tagesmenü
		as verduras	Gemüse
a mesa	Tisch	o frango	Hähnchen
o cardápio	Speisekarte	a sobremesa	Nachtisch
fazer o pedido	bestellen	a torta	Torte
o tira-gosto	kleines Gericht	o sorvete	Eiscreme
a entrada	Vorspeise	o mousse de maracujá	Maracujamousse
a sopa	Suppe		
a salada	Salat	a conta	Rechnung
o prato	Gericht (wörtl. Teller)	pagar	bezahlen

Auf dem Tisch Na mesa

o talher	Besteck	o prato	Teller
a faca	Messer	o copo	Glas
o garfo	Gabel	a taça	(Wein-)glas
a colher	Löffel	o guardanapo	Serviette
a xícara	Tasse	a bandeja	Tablett

Mahlzeiten Refeições

o café da manhã	Frühstück	o jantar	Abendessen
tomar	(zu sich) nehmen / trinken	jantar	abendessen
o almoço	Mittagessen	a bebida	Getränk
almoçar	mittagessen	beber	trinken
o lanche	Nachmittagsimbiss	a comida	Speise / Essen
lanchar / merendar	vespern	comer	essen

Getränke Bebidas

bebidas alcoólicas	alkoholische Getränke	bebidas não alcoólicas	alkoholfreie Getränke
a cerveja	Bier	o chá	Tee
a caipirinha	Caipirinha	o café	Kaffee
o vinho	Wein	o suco	Saft
a cachaça	Zuckerrohrschnaps	o guaraná	bras. Limonadenart
o champanhe	Sekt	a água mineral	Mineralwasser

Wortschatz

1 Was passt nicht in die Reihe? Markieren Sie.

1. garfo – faca – restaurante – colher
2. pagar – prato – copo – xícara
3. café – talher – chá – suco
4. churrascaria – lanchonete – bar – mesa

2 Ordnen Sie die Wörter den entsprechenden Überschriften auf der Speisekarte zu.

caipirinha suco sorvete água mineral
vinho mousse de maracujá guaraná torta cachaça

1. sobremesas	2. bebidas não alcoólicas	3. bebidas alcoólicas

3 Lösen Sie das Kreuzworträtsel.

1. Brasilianischer Zuckerrohrschnaps
2. Grillrestaurant
3. Speise / Essen allgemein
4. … de laranja (Orangensaft)
5. Er bringt Ihnen das Menü.
6. Isst man mit dem Löffel.
7. Süßer Gang zum Abschluss.
8. Speisekarte
9. Schwarz, heiß, macht munter.
10. facas / garfos / colheres

W10

Lebensmittel / Mengenangaben

W9
K12

Gemüse Verduras

a mandioca	Maniok	o tomate	Tomate
a batata (doce)	(Süß-) Kartoffel	o pimentão	Paprika
a couve	Kohl	a alface	Kopfsalat
a cenoura	Karotte	a cebola	Zwiebel

Obst Fruta

a laranja	Orange	a manga	Mango
a banana	Banane	o limão	Limette / Zitrone
o mamão	Papaya	o abacaxi	Ananas
a melancia	Wassermelone	o morango	Erdbeere

Milchprodukte Laticínios

o leite	Milch	o queijo	Käse
o iogurte	Joghurt	a manteiga	Butter
o creme de leite	Sahne	o requeijão	Quark

Fleisch etc. Carne etc.

a carne de boi	Rindfleisch	a lingüiça	Wurst
o peru	Truthahn	o presunto	Schinken
o frango	Hähnchen	a calabresa	Bratwurst
a carne de porco	Schweinefleisch	o churrasco	Grillfleisch
os frutos do mar	Meeresfrüchte	o camarão	Shrimps
o peixe	Fisch	a lagosta	Languste

Getreide & Backwaren etc. Produtos cereais e outros

o pão (pãozinho)	Brot (Brötchen)	a farinha	Mehl
o biscoito	Keks	o arroz	Reis
o bolo / a torta	Kuchen / Torte	a massa	Nudeln
o ovo	Ei	o feijão	Bohnen

Gewürze Temperos e condimentos

o alho	Knoblauch	o sal	Salz
a pimenta	Pfeffer	o açúcar	Zucker

Mengenangaben Medidas

a garrafa	Flasche	o litro	Liter
o grama	Gramm	o pacote	Päckchen
o quilo	Kilo	a fatia	Scheibe

1 Was passt nicht in die Reihe? Markieren Sie.

1. banana – laranja – manga – sal – morango
2. batata – tomate – litro – cenoura – cebola
3. manteiga – frango – leite – iogurte – requeijão
4. alho – açúcar – pimenta – carne – sal

2 Übersetzen Sie diesen Einkaufszettel ins Brasilianische.

1. Zucker ______________________	5. Kopfsalat ______________________
2. Brot ______________________	6. Käse ______________________
3. Butter ______________________	7. Mehl ______________________
4. Milch ______________________	8. Quark ______________________

3 Das ist ein Einkaufszettel für feijoada, eines der populärsten Nationalgerichte Brasiliens. Ergänzen Sie die fehlenden Wörter auf dem Einkaufszettel.

manteiga	cebola	tomates	carne de porco	pimentão
alho	lingüiça	feijão	sal	pimenta	carne de boi

300 g schwarze Bohnen (1),	300 g de ____________ (1) preto,
2 Tomaten (2), 1 Zwiebel (3),	2 ____________ (2), 1 ____________ (3),
1 Paprika (4),	1 ____________ (4),
2 Knoblauch(zehen) (5),	2 dentes de ____________ (5),
2 EL Butter (6),	2 colheres de sopa de ____________ (6),
Salz (7), Pfeffer (8),	____________ (7), ____________ (8),
200 g Rindfleisch (9),	200 g de ____________ (9),
200 g Grillwurst (10),	200 g de ____________ (10),
200 g Schweinefleisch (11),	200 g de ____________ (11),
100 g Speck.	100 g de bacon.

So geht's weiter: 12 Stunden vor dem Kochen die schwarzen Bohnen einweichen. Zwiebel und Knoblauch fein hacken und in Butter goldgelb anbraten. Tomaten, Paprika und Speck dazugeben. Nach ca. 3 Minuten Wasser dazugeben, anschließend die schwarzen Bohnen und das Fleisch. Immer mit Wasser bedeckt kochen lassen bis die Bohnen weich sind (ca. 2 Stunden). Mit Salz und Pfeffer abschmecken. Dazu gibt es Reis, Salat und farofa (kurz mit Zwiebelringen gebratenes Maniokmehl) und natürlich eine caipirinha. Bom apetite! (Guten Appetit!)

Kleidung / Farben

K13
Kleidung Roupas

vestuário feminino	Damenbekleidung	vestuário masculino	Herrenbekleidung

Kleidungsstücke Peças de roupa

a calcinha	Damenunterhose	a cueca	Herrenunterhose
o sutiã	BH	a bermuda	Bermudas
a camiseta	T-Shirt	o short	kurze Hose
a blusa	Bluse	a camisa	Hemd
a saia	Rock	as calças (Pl.)	Hose
o vestido	Kleid	o terno	Herrenanzug
o casaco	Jacke	a gravata	Krawatte
as sandálias	Sandalen	as meias	Socken
as botas (Pl.)	Stiefel	os sapatos	Schuhe

Accessoires Acessórios

os óculos (de sol) (Pl.)	(Sonnen-)Brille	o colar	Kette
o cinto	Gürtel	o chapéu	Hut
o anel	Ring	o boné	Baseballkappe
os brincos	Ohrringe	o relógio	Uhr

Größe Tamanho

grande (m., f.)	groß	pequeno, -a	klein
comprido, -a	lang	curto, -a	kurz
largo, -a	weit	apertado, -a	eng

Stil Estilo

elegante (m., f.)	elegant	chique (m., f.)	chic
na moda	modisch	esportivo, -a	sportlich

G3
G5
Farben Cores

amarelo, -a	gelb	marrom (m., f.)	braun
azul (m., f.)	blau	preto, -a	schwarz
branco, -a	weiß	rosa (m., f.)	pink / rosa
cinza (m., f.)	grau	verde (m., f.)	grün
laranja (m., f.)	orange	vermelho, -a	rot

Verben Verbos

calçar	anziehen (Schuhe, Socken)	pôr	aufsetzen / anziehen
vestir	anziehen (Kleidung)	tirar (a roupa, os sapatos)	ausziehen
vestir(-se)	(sich) anziehen	despir(-se)	(sich) ausziehen
caber	passen (Größe)	experimentar	anprobieren
usar	tragen	ficar bem	gut stehen

Wortschatz

1 Welche Wörter gehören zu welcher Kategorie? Ordnen Sie zu.

calças elegante esportivo camisa cinto anel cueca
blusa meias chique brincos na moda relógio

1. peças de roupa	2. estilo	3. acessórios

G3
G5

2 Qual é a cor de …? – Welche Farbe hat / Farben haben …? Ergänzen Sie.

1. O café tem a cor ____________________ . Der Kaffee hat die Farbe …
2. A cor do céu é ____________________ . Die Farbe des Himmels ist …
3. Os morangos são ____________________ . Die Erdbeeren sind …
4. Os limões são ____________________ . Die Limetten sind …

3 Geben Sie die passenden Verben an.

1. óculos – ____________________
2. sandálias – ____________________
3. blusa – ____________________
4. botas – ____________________
5. casaco – ____________________
6. cinto – ____________________

4 Welche Kleidungsstücke sind gemeint? Die Anzahl der Buchstaben hilft Ihnen bei der Lösung.

1. „Kleidungsstücke" für die Füße. ☐☐☐☐☐☐☐
2. Das ziehen Frauen an, es kann „mini" sein. ☐☐☐☐
3. Vor langer Zeit durften es nur Männer anziehen. ☐☐☐☐☐☐
4. Braucht man, wenn die Sonne scheint. ☐☐☐☐☐☐ ☐☐ ☐☐☐
5. Das tragen viele Männer im Büro. ☐☐☐☐☐
6. Das trägt man auf dem Kopf. ☐☐☐☐☐☐
7. Ein Kleidungsstück nur für Frauen. ☐☐☐☐☐☐☐
8. Trägt man am Finger. ☐☐☐☐
9. Damit die Hose nicht rutscht. ☐☐☐☐☐
10. Trägt man in Brasilien nie mit Socken! ☐☐☐☐☐☐☐☐☐

Wortschatz

Wohnen

Wohnort Moradia

a casa	Haus	a casa alugada	Mietwohnung
a casa própria	Eigenheim	o prédio	mehrstöckiges Haus / Hochhaus

W6 In einem Gebäude Em um edifício

o andar	Etage	o condomínio	Wohnhauskomplex
o primeiro / segundo andar	1./2. Etage	as escadas	Treppenhaus
		o elevador	Aufzug
o telhado	Dach	os cômodos	Zimmer

In Brasilien steht der Familienname nicht an der Haustür bzw. Türklingel. Bei einem Mehrfamilienhaus muss man sich in der Regel an der Rezeption anmelden.

Zimmer Cômodos

a sala (de estar)	Wohnzimmer	o banheiro	Toilette / Badezimmer
o quarto	Schlafzimmer	a cozinha	Küche
a sala de jantar	Esszimmer	a varanda	Balkon
o escritório	Arbeitszimmer	o quarto das crianças	Kinderzimmer

In Brasilien zählt man bei einer Wohnung immer nur die Schlafzimmer – eine Dreizimmerwohnung in Brasilien entspricht einer Vierzimmerwohnung in Deutschland.

In einem Zimmer Em um cômodo

a parede	Wand	a janela	Fenster
o chão / o piso	Boden	a porta	Tür
o teto	Zimmerdecke	a tomada	Steckdose
o canto	Ecke	o interruptor	Lichtschalter

K14 Wohnungseinrichtung Móveis e objetos da casa

a cadeira	Stuhl	o fogão	Herd
a mesa	Tisch	a geladeira	Kühlschrank
a estante	Regal	a torneira	Wasserhahn
o armário	Schrank	a banheira	Badewanne
a poltrona	Sessel	o chuveiro / a ducha	Dusche
a cama	Bett	a pia	Waschbecken
a roupa de cama	Bettwäsche	o espelho	Spiegel
o quadro	Bild	a máquina de lavar louça	Spülmaschine
a cortina	Gardine / Vorhang		
o ar-condicionado	Klimaanlage	a máquina de lavar roupas	Waschmaschine
o ventilador	Ventilator		
a televisão	Fernseher	o computador	Computer

1 Was passt nicht in die Reihe? Markieren Sie.

1. quarto – sala – varanda – mesa – garagem
2. chuveiro – banheira – pia – televisão – espelho
3. prédio – computador – casa – hotel – apartamento
4. cama – cadeira – sofá – torneira – armário

2 Wie heißen diese Zimmer bzw. Räume?

1. Das Zimmer, in dem Sie schlafen, heißt ______________________.
2. Das Zimmer, in dem Sie kochen, heißt ______________________.
3. Der Raum, in dem Sie ein Auto abstellen, heißt ______________________.
4. Das Zimmer, in dem Sie sich waschen, heißt ______________________.

3 Ergänzen Sie diese Wohnungsbeschreibung.

computador	cômodos	mesa	cama	varanda
sala de estar	apartamento	quarto	armário	escritório

1. Meine Wohnung hat drei Zimmer.	Meu __________ tem três __________.
2. Das Schlafzimmer ist klein.	O __________________ é pequeno.
3. Dort passen nur das Bett und der Schrank hinein.	Lá só cabem a __________ e o __________________.
4. Im Arbeitszimmer steht ein großer Tisch mit Computer.	No ______________ há uma __________ grande com ______________.
5. Das Wohnzimmer hat einen großen Balkon.	A ____________________ tem uma ________________ grande.

4 Welche Einrichtungsgegenstände finden Sie normalerweise in einem Hotelzimmer? Vervollständigen Sie das Wortnetz.

Verkehr

W8

Allgemein Geral

o bilhete	Ticket / Fahrschein	a faixa de pedestre	Zebrastreifen
a bifurcação	Abzweigung	a multa	Strafe / Strafzettel
o cruzamento	Kreuzung	o pedágio	Autobahnmaut
o engarrafamento	Stau	o sinal / o semáforo	Ampel
o estacionamento	Parkplatz	o trânsito	Verkehr

Straßen Ruas

a auto-estrada	Autobahn	a pista de velocidade	Schnellstraße
a rua	Straße	o desvio	Umleitung

Bahnhöfe Estações

a rodoviária	Busbahnhof	o porto	Hafen
a estação ferroviária	Bahnhof	o aeroporto	Flughafen
a parada / o ponto de ônibus	(Bus-)Haltestelle	a estação de metrô	U-Bahnstation

Verkehrsmittel Meios de transporte

o ônibus	Bus	o avião	Flugzeug
o carro	Auto	o metrô	U-Bahn
o caminhão	LKW	o táxi	Taxi
a bicicleta	Fahrrad	a moto(cicleta)	Motorrad
o navio	Schiff	o trem	Zug
o barco	Boot	o helicóptero	Hubschrauber

Verkehrsteilnehmer Pessoas no trânsito

o / a motorista (m., f.)	Fahrer, -in	o guarda de trânsito	Verkehrspolizist
o / a passageiro, -a	Passagier	o pedestre	Fußgänger

G13–G30

Verben Verbos

dirigir / conduzir	steuern / lenken	parar	anhalten
chegar	ankommen	atravessar	überqueren
sair / partir	losfahren / wegfahren	chamar um táxi	ein Taxi rufen
ultrapassar	überholen	estacionar	parken
virar à esquerda	links abbiegen	entrar / subir em	einsteigen in
virar à direita	rechts abbiegen	sair / descer de	aussteigen aus
andar / ir de bicicleta	Fahrrad fahren	frear	bremsen
		acelerar	beschleunigen

Andar und ir bedeuten gehen, fahren oder fliegen. Man sagt dann andar / ir + de + Verkehrsmittel: andar / ir de bicicleta, andar / ir de avião, etc. Aber: zu Fuss gehen – ir **a** pé

Wortschatz

1 Kreuzen Sie an.

1. Wo startet eine Flugreise?
   A ☐ rodoviária
   B ☐ aeroporto
   C ☐ porto

2. Wo parken Sie ein Auto?
   A ☐ estacionamento
   B ☐ estação de trem
   C ☐ parada de ônibus

3. Wer fährt einen Bus?
   A ☐ pedestre
   B ☐ motorista
   C ☐ policial

4. Was tun Sie bei roter Ampel?
   A ☐ parar
   B ☐ estacionar
   C ☐ virar à esquerda

2 Welches ist das langsamste Verkehrsmittel und welches das schnellste? Nummerieren Sie.

☐ carro ☐ trem ☐ avião ☐ navio ☐ helicóptero ☐ bicicleta

3 Verbinden Sie die Verben mit dem passenden Substantiv. Benutzen Sie jedes Verb nur einmal.

1. táxi
2. carro
3. rua
4. bicicleta

A andar de
B atravessar
C chamar
E dirigir

4 Bus fahren: Welches brasilianische Wort würden Sie für das jeweilige fettgedruckte deutsche Wort benutzen? Ergänzen Sie.

subir	multa	motorista	sair	pára	bilhete	ponto de ônibus

1. Antes de você pegar um ônibus, você deve comprar um ______________________ senão tem que pagar uma ______________________. Bevor man mit dem Bus losfährt, kauft man eine **Fahrkarte**, sonst muss man eine **Strafe** zahlen.
2. Depois se espera num ______________________.
   Dann wartet man an einer **Haltestelle**.
3. Quando o ônibus chega você pode ______________________.
   Wenn der Bus ankommt, kann man **einsteigen**.
4. Normalmente você precisa mostrar o bilhete ao ______________________.
   Normalerweise muss man das Ticket dem **Fahrer** zeigen.
5. Quando o ônibus ____________ no ponto desejado, você pode ______________________.
   Wenn der Bus an der gewünschten Haltestelle **anhält**, darf man **aussteigen**.

Körper / Hygiene / Gesundheit

Körper Corpo

a cabeça	Kopf	os ombros	Schultern
os cabelos	Haare	o peito	Brust / Busen
o rosto	Gesicht	as costas	Rücken
a testa	Stirn	a barriga	Bauch
as sobrancelhas	Augenbrauen	os braços	Arme
os olhos	Augen	as mãos	Hände
as orelhas	Ohren	os dedos	Finger
o nariz	Nase	a bunda	Hintern
a boca	Mund	as pernas	Beine
os lábios	Lippen	os joelhos	Knie
os dentes	Zähne	os pés	Füße
o pescoço	Hals	a pele	Haut

Körperpflege Higiene corporal

o barbeador	Rasierapparat	o papel higiênico	Toilettenpapier
barbear-se	sich rasieren	passar creme	eincremen
depilar-se	epilieren	a pasta de dentes	Zahnpasta
enxugar-se	sich abtrocknen	o pente	Kamm
a escova de dentes	Zahnbürste	pentear-se	sich kämmen
escovar os dentes	Zähne putzen	o sabonete	Seife
o hidratante	Creme	a toalha de banho	Handtuch
lavar	waschen	tomar banho	duschen / baden
o lenço descartável	Papiertaschentuch	o xampu	Shampoo

Gesundheit Saúde

a ambulância	Krankenwagen	a infecção	Entzündung
o analgésico	Schmerzmittel	queimar-se	sich verbrennen
o comprimido	Tablette	o remédio	Arznei
a doença	Krankheit	o resfriado	Erkältung
doer	weh tun	saudável	gesund
a dor	Schmerz	suar	schwitzen
estar doente	krank sein	ter diarréia	Durchfall haben
a ferida / o ferimento	Wunde	ter febre	Fieber haben
a fratura	Knochenbruch	tomar	einnehmen

Ein Tipp: Zeichnen Sie einen menschlichen Körper und beschriften Sie ihn mit brasilianischen Begriffen. So können Sie sich die Bezeichnungen besser merken!

1 Welche dieser Körperteile gehören zum Gesicht (rosto) und welche zum übrigen Körper (resto do corpo)?

orelhas	mão	braço	nariz	boca
pé	dentes	lábios	barriga	ombros

1. rosto	2. resto do corpo

2 Welche Körperteile kommen nacheinander, wenn man den menschlichen Körper von oben nach unten betrachtet? Ordnen Sie zu.

pescoço olhos joelhos dedos testa sobrancelhas peito orelhas

1. ______________________ 5. ______________________

2. ______________________ 6. ______________________

3. ______________________ 7. ______________________

4. ______________________ 8. ______________________

3 Welchen Artikel der Körperhygiene benutzt man wofür? Verbinden Sie.

1. escova de dentes	A barbear-se
2. o hidratante	B tomar banho
3. sabonete	C escovar os dentes
4. toalha de banho	D passar creme
5. barbeador	E enxugar-se

4 Wenn Ihnen etwas wehtut, sagen Sie: Estou com dor de … Ergänzen Sie die Sätze mit den vorgegebenen Wörtern.

1. Estou com dor de __________ (Kopf).
2. Estou com dor de __________ (Zähne).
3. Tenho __________ (Ich habe Fieber).
4. Estou com dor de __________ (Bauch).
5. Estou __________________ (krank).
6. Estou __________________ (gesund)!

Wenn jemand niest, sagt man in Brasilien saúde!, wünscht man jemandem eine gute Besserung, heißt es hingegen melhoras!.

Verben

G13 - G30

Gefühle Sentimentos

amar	lieben	rir	lachen
chorar	weinen	sentir	fühlen
detestar / odiar	hassen	sorrir	lächeln
gostar	mögen	ter medo	Angst haben

Sinne Sentidos

cheirar	riechen	ouvir	hören
escutar	zuhören	tocar	berühren
olhar	schauen	ver	sehen

Alltagsaktivitäten Atividades do dia-a-dia

acordar	aufwachen	morar	wohnen
ajudar	helfen	querer	wollen
começar	beginnen	ser / estar	sein
comprar	kaufen	trabalhar	arbeiten
descansar	sich ausruhen	ter	haben
divertir-se	sich amüsieren	ter que / de	müssen
dormir	schlafen	terminar	aufhören
esperar	warten	vender	verkaufen
fazer	tun / machen	viver	leben / wohnen

G30

Bewegung Movimento

andar	laufen	ir	gehen
carregar	tragen	levantar-se	aufstehen
correr	rennen	sentar-se	sich setzen
deitar-se	sich hinlegen	vir	kommen

Sprache Língua

calar-se	schweigen	falar	sprechen
contar	erzählen	perguntar	fragen
dizer	sagen	responder	antworten

Geistige Aktivitäten Atividades mentais

achar	meinen	lembrar	erinnern
aprender	lernen	ler	lesen
entender	verstehen	pensar	denken
escrever	schreiben	poder	können / dürfen
esquecer	vergessen	saber	wissen / können

1 Ergänzen Sie die Verben mit der gegensätzlichen Bedeutung.

odiar	vender	descansar	responder	vir	acordar

1. comprar – ____________________
2. ir – ____________________
3. dormir – ____________________
4. trabalhar – ____________________
5. perguntar – ____________________
6. amar – ____________________

2 Welches Verb müssen Sie im Brasilianischen benutzen? Ordnen Sie die vorgegebenen Infinitive zu.

poder   trabalhar   ver   fazer   ir   querer   entender   amar

1. Mario *liebt* seine Frau. ____________________
2. Joana *kann* helfen. ____________________
3. Silvia *will* ein neues Spielzeug. ____________________
4. Jonas *arbeitet* den ganzen Tag lang. ____________________
5. Ich *sehe* dich. ____________________
6. Wo *gehst* du hin? ____________________
7. Ich *verstehe* dich gut. ____________________
8. Was *machst* du gerade? ____________________

3 Finden Sie die folgenden Verben im Suchgitter: tun, arbeiten, fragen, suchen, mögen, warten, laufen, meinen, sehen, können, hassen, sich ausruhen, denken, wissen, haben, sein – natürlich auf Brasilianisch. Alle Suchrichtungen sind möglich (auch diagonal und rückwärts).

u	u	s	r	s	x	r	x	y	e	s	p	e	r	a	r
r	y	p	e	n	s	a	r	z	j	o	j	y	q	u	e
a	a	u	b	b	n	h	p	r	a	r	u	c	o	r	p
d	a	t	a	y	v	l	n	m	l	r	k	g	v	u	i
n	u	ç	s	p	w	a	s	r	a	i	d	o	m	e	r
a	y	e	p	o	o	b	b	s	h	r	k	h	z	e	r
ç	r	ç	i	d	g	a	p	e	r	g	u	n	t	a	r
u	p	q	u	e	y	r	d	e	s	c	a	n	s	a	r
f	a	z	e	r	c	t	x	h	m	v	r	a	h	c	a

Wortschatz

Bestimmter und unbestimmter Artikel / Verschmelzung mit Präpositionen

Der bestimmte Artikel

G5

	Singular		Plural	
Femininum	**a** casa	das Haus	**as** casas	die Häuser
Maskulinum	**o** cavalo	das Pferd	**os** cavalos	die Pferde

Der bestimmte Artikel erscheint nur in Verbindung mit dem Substantiv und stimmt mit diesem in Geschlecht und Zahl überein. Im Brasilianischen gibt es nur zwei Geschlechter: männlich und weiblich.

W3 Abgesehen von einigen Ausnahmen (Portugal, etc.) steht der bestimmte Artikel vor Ländernamen: o Brasil, a Alemanha. Städtenamen haben in der Regel keinen Artikel: São Paulo / Berlim. Ausnahme: o Rio de Janeiro / o Porto.

Der unbestimmte Artikel

G5

	Singular		Plural	
Femininum	**uma** menina	ein Mädchen	(**umas**) meninas	(einige) Mädchen
Maskulinum	**um** amigo	ein Freund	(**uns**) amigos	(einige) Freunde

Der Gebrauch der Pluralform des unbestimmten Artikels ist fakultativ. Im Zusammenhang mit Zahlen bedeutet er *circa* .

Daqui até lá são uns 200 km. — Von hier bis dort sind es etwa 200 km.

Die Verschmelzung mit Präpositionen

Die Verschmelzung mit dem bestimmten Artikel ist obligatorisch.

	+ o	**+ a**	**+ os**	**+ as**
a	ao	à	aos	às
de	do	da	dos	das
em	no	na	nos	nas
por	pelo	pela	pelos	pelas

O Marcos está no Brasil. — Markus ist in Brasilien.

Die Verschmelzung mit dem unbestimmten Artikel ist fakultativ.

	+ um	**+ uma**	**+ uns**	**+ umas**
de	dum	duma	duns	dumas
em	num	numa	nuns	numas

Ela mora em uma (= numa) casa bonita. — Sie wohnt in einem schönen Haus.

1 Ergänzen Sie den bestimmten Artikel. Tipp: Männliche Substantive enden meistens auf -o, weibliche auf -a.

G2

1.	____ rosa	die Rose	7.	____ casas	die Häuser
2.	____ filho	der Sohn	8.	____ mulher (f.)	die Frau
3.	____ viagem (f.)	die Reise	9.	____ moças	die jungen Frauen
4.	____ carros	die Autos	10.	____ menina	das Mädchen
5.	____ trens (m.)	die Züge	11.	____ caderno	das Heft
6.	____ rapaz (m.)	der junge Mann	12.	____ lápis (m.)	der Bleistift

2 Ergänzen Sie den unbestimmten Artikel.

1.	____ homens	einige Männer	7.	____ barco	ein Schiff
2.	____ cavalo	ein Pferd	8.	____ macacos	einige Affen
3.	____ prédios	einige Gebäude	9.	____ peras	einige Birnen
4.	____ mesa	ein Tisch	10.	____ inseto	ein Insekt
5.	____ baleias	einige Wale	11.	____ camas	einige Betten
6.	____ livros	einige Bücher	12.	____ floresta	ein Wald

3 Ergänzen Sie die Verschmelzung (Präposition + Artikel).

1.	Estou ________ avenida.	Ich bin auf der (Haupt-)straße.	(em + a)
2.	É a casa ________ amiga.	Es ist das Haus einer Freundin.	(de + uma)
3.	Está ________ meu lado.	Er ist an meiner Seite.	(a + o)
4.	Ando ________ calçada.	Ich gehe auf dem Bürgersteig.	(por + a)
5.	Nado ________ lagoa.	Ich schwimme in einem See.	(em + uma)
6.	É a garota _____ praia.	Es ist das Mädchen vom Strand.	(de + a)
7.	Moro ________ Alpes.	Ich wohne in den Alpen.	(em + os)
8.	Vou ________ campos.	Ich gehe durch die Felder.	(por + os)
9.	Estive ____________ lugares típicos do Brasil.	Ich bin auf einigen typischen Plätzen Brasiliens gewesen.	(em + uns)
10.	Ela mora _____ casa velha.	Sie wohnt im alten Haus.	(em + a)

Das Substantiv – Geschlecht

Das Geschlecht

Im Brasilianischen erkennt man das Geschlecht der Substantive an ihren Endungen:

Maskulinum		Femininum	
o carr**o**	das Auto	**a** port**a**	die Tür
o amig**o**	der Freund	**a** menin**a**	das Mädchen

- Substantive mit folgenden Endungen sind normalerweise maskulin:
  -or → o calor (die Hitze)
  -s → o país (das Land)
  -az → o rapaz (der junge Mann)
  -á → o chá (der Tee)
  -l → o sal (das Salz)
  -i → o javali (das Wildschwein)

  Maskulin sind ebenfalls: Himmelsrichtungen, Meere, Flüsse, Sprachen, Zahlen, Buchstaben und Farben: o sul (der Süden), o Reno (der Rhein), o alemão (das Deutsche), o cinco (die Fünf), o A (das A), o preto (das Schwarz).

- Substantive mit folgenden Endungen sind normalerweise feminin:
  -ade → a felicidade (das Glück)
  -ice → a velhice (das Alter)
  -gem → a origem (der Ursprung)
  -(ç)ão → a estação (der Bahnhof) / a solidão (die Einsamkeit) (aber: o coração!)

  Feminin sind ebenfalls die meisten Ostbäume, Früchte und Wissenschaften: a laranjeira (der Orangenbaum), a banana (die Banane), a biologia (die Biologie).

Bildung der femininen Form der Substantive:

Endung (maskulin)	Maskulinum	Femininum	Regel
-o	o menin**o** – der Junge	a menin**a** – das Mädchen	-o → -a
betonter Konsonant	o douto**r** – der Doktor	a douto**ra** – die Doktorin	+ -a
-ês	o japon**ês** – der Chinese	a japon**esa** – die Chinesin	-ês → -esa
-ão	o an**ão** – der Zwerg	a an**ã** – die Zwergin	-o entfällt

Andere Fälle:

	Maskulinum		Femininum	
gleich	**o** artista	der Künstler	**a** artista	die Künstlerin
unterschiedlich	**o** homem	der Mann	**a** mulher	die Frau
unterschiedliche	**o** bolo	der Kuchen	**a** bola	der Ball
Bedeutungen	**o** cigarro	die Zigarette	**a** cigarra	die Zikade

Grammatik

1 Bestimmen Sie das Geschlecht der folgenden Substantive.

1. ______ trabalho
2. ______ estudante
3. ______ português
4. ______ coração
5. ______ ilusão
6. ______ macaca
7. ______ norte
8. ______ rapaz
9. ______ javali
10. ______ espontaneidade

2 Ergänzen Sie das zugehörige männliche bzw. weibliche Substantiv.

1. a espanhola – ______________
2. o japonês – ______________
3. a alemã – ______________
4. o colega – ______________
5. a senhora – ______________
6. o cantor – ______________
7. o doente – ______________
8. a médica – ______________
9. o menino – ______________
10. o especialista – ______________

3 Ergänzen Sie den jeweiligen Artikel nach dem Beispiel und fügen Sie, falls möglich, die dazugehörige männliche bzw. weibliche Form hinzu.

1. o coelho (das Kaninchen) – a coelha
2. a canção (das Lied) – ______________
3. ______ artista (der Künstler) – ______________
4. ______ animal (das Tier) – ______________
5. ______ vento (der Wind) – ______________
6. ______ jogadora (die Spielerin) – ______________
7. ______ chá (der Tee) – ______________
8. ______ amizade (die Freundschaft) – ______________
9. ______ diretora (die Leiterin) – ______________
10. ______ taxista (der Taxifahrer) – ______________

Das Adjektiv: Stellung / Geschlecht

Die Stellung des Adjektivs im Satzgefüge

- Generell steht das Adjektiv nach dem Substantiv.

Os meninos **brasileiros**.	Die brasilianischen Jungen.
Uma cantora **famosa**.	Eine berühmte Sängerin.

- Manche Adjektive (último, meio, muito und pouco) sowie Ordnungszahlen werden immer dem Substantiv vorangestellt.

a **primeira** vista	der erste Blick
meio copo de vinho	ein halbes Glas Wein

G1
G2
G5

Das Geschlecht

Das Adjektiv stimmt in Geschlecht und Zahl mit dem Substantiv überein.

Os palhaç**os** engraçad**os**.	Die lustigen Clowns.
Uma moç**a** delicad**a**.	Ein zartes Mädchen.

So wie bei Substantiven, endet die feminine Form der Adjektive meistens auf -a.

Maskulinum		Femininum	Regel
lind**o**	schön	lind**a**	**-o** → **-a**
amad**or**	amateurhaft	amador**a**	+ **-a**
espanh**ol**	spanisch	espanhol**a**	+ **-a**
andal**uz**	andalusisch	andaluz**a**	+ **-a**
cru (-**u** nach Konsonant)	roh	cru**a**	+ **-a**
ingl**ês**	englisch	ingl**esa**	**-ês** → **-esa**
alem**ão**	deutsch	alem**ã**	**-o** entfällt
europ**eu**	europäisch	europ**éia**	**-eu** → **-éia**

Ausnahme: bom (m.) → boa (f.) (gut) / mau (m.) → má (f.) (schlecht).

In einigen Fällen sind die maskuline und feminine Form des Adjektivs identisch.

Endung	Maskulinum		Femininum
-e	fort**e**	stark	fort**e**
	verd**e**	grün	verd**e**
Konsonant	simple**s**	einfach	simple**s**
(**außer** -ês, -or, -ol, -uz)	fero**z**	wild / grimmig	fero**z**
	gera**l**	allgemein	gera**l**

Grammatik

1 Bringen Sie das Adjektiv in die zum jeweiligen Substantiv passende Form.

1. baleia – Wal ________________ (branco – weiß)
2. raposa – Fuchs ________________ (esperto – schlau)
3. festa – Party ________________ (animado – ausgelassen)
4. charrocho – Hund ________________ (vadio – streunend)
5. poeta – Dichter ________________ (romântico – romantisch)
6. água – Wasser ________________ (fresco – frisch)
7. lago – See ________________ (profundo – tief)

2 Welche Sätze sind nicht korrekt? Bringen Sie die falschen Adjektive in die richtige Form.

1. A menina linda. (Das schöne Mädchen) ________________
2. A cantora espanhola. (Die spanische Sängerin) ________________
3. O menino brasileiro. (Der brasilianische Junge) ________________
4. O doutor alemã. (Der deutsche Doktor) ________________
5. O ator famosa. (Der berühmte Schauspieler) ________________
7. A professora português. (Die portugiesische Lehrerin) ________________
8. Um cachorro brava. (Ein gefährlicher Hund) ________________
9. Um aluno esperta. (Ein schlauer Schüler) ________________

3 Ordnen Sie das Adjektiv einem passenden Substantiv zu.

longo (lang) feroz (gefährlich) secreto (geheim)
exótico (exotisch) venenoso (giftig)

1. O animal (das Tier) ________________
2. O jardim (der Garten) ________________
3. A cobra (die Schlange) ________________
4. O leão (der Löwe) ________________
5. O caminho (der Weg) ________________

Das Adjektiv: Steigerungsformen

Komparativ

mais … (do) que	Os morangos são **mais** gostosos **(do) que** as uvas. Die Erdbeeren sind schmackhafter als die Trauben.
tão … quanto / como	Os morangos são **tão** gostosos **quanto / como** as peras. Die Erdbeeren sind so schmackhaft wie die Birnen.
menos … (do) que	Os morangos são **menos** gostosos **(do) que** as maçãs. Die Erdbeeren sind weniger schmackhaft als die Äpfel.

Relativer Superlativ

o / a mais … os / as mais …	Esta casa é **a mais** bonita.	Dieses Haus ist am schönsten.
o / a menos … os / as menos …	Esta região é **a menos** visitada.	Diese Region ist am wenigsten besucht.

Absoluter Superlativ

Der absolute Superlativ kann auf zwei Arten gebildet werden:

- mit dem Adverb muito vor dem Adjektiv (→ analytischer absoluter Superlativ).
- durch Anhängen der Endung -íssimo an den jeweiligen Stamm des Adjektivs (→ synthetischer absoluter Superlativ). Die Konstruktion mit -íssimo wird als stärker empfunden und stellt einen maximalen Punkt dar.

linda	Uma vista lind**íssima**! Ein äußerst schöner Ausblick!	Uma vista **muito** linda. Ein sehr schöner Ausblick.
belo	O cavalo é bel**íssimo**. Das Pferd ist außerordentlich schön.	O cavalo é **muito** belo. Das Pferd ist sehr schön.

Ausnahmen:

	Komparativ	Superlativ		
		relativ	absolut synthetisch	absolut analytisch
bom (gut)	melhor	o melhor	ótimo	muito bom
mau (schlecht)	pior	o pior	péssimo	muito mau
grande (groß)	maior	o maior	máximo grandíssimo	muito grande
pequeno (klein)	menor	o menor	mínimo pequeníssimo	muito pequeno

Grammatik

1 Bilden Sie den synthetischen absoluten Superlativ der folgenden Adjektive.

1. pequeno klein pequeníssimo
2. lindo schön ______
3. bom gut ______
4. caro teuer ______
5. grande groß ______
6. velho alt ______
7. verde grün ______
8. moderno modern ______
9. saboroso schmackhaft ______
10. conhecido bekannt ______

2 Bilden Sie den relativen Superlativ der folgenden Adjektive.

1. lindo o mais lindo
2. pequeno ______
3. bom ______
4. caros ______
5. grande ______
6. branco ______
7. verde ______
8. modernos ______
9. saboroso ______
10. conhecidas ______

3 Bilden Sie den Komparativ der folgenden Adjektive.

1. größer als grande → maior (do) que
2. so lecker wie saboroso → ______
3. weniger bekannt als conhecido → ______
4. so weiß wie branco → ______
5. teurer als caro → ______
6. so gut wie bom → ______
7. so modern wie moderno → ______
8. grüner als verde → ______
9. kleiner als pequeno → ______
10. schöner als bonito → ______

Die Bildung des Plurals bei Substantiven und Adjektiven

Die Pluralform im Brasilianischen wird allgemein durch Anhängen eines -s gebildet.

Singular		Plural
o livro	das Buch	**os** livro**s**
adulto	erwachsen	adulto**s**

Substantive mit Endung auf betontes -r, -s oder -z, haben -es als Pluralendung.

Singular		Plural
a mulher	die Frau	as mulher**es**
o país	das Land	os país**es**
feliz	glücklich	feliz**es**

Andere Pluralbildungen:

Endung	Singular		Plural	Regel
-ês	franc**ês**	französisch	france**ses**	-ês → -eses
-al	especi**al**	besonders	especi**ais**	-al → -ais
-el (betont)	o pap**el**	das Papier	os pap**éis**	-el → -éis
-el (unbetont)	móv**el**	beweglich	móv**eis**	-el → -eis
-il (betont)	o fuz**il**	das Gewehr	os fuz**is**	-il → -is
-il (unbetont)	fóss**il**	fossil	fóss**eis**	-il → -eis
-ol	o girass**ol**	die Sonnenblume	os girass**óis**	-ol → -óis
-m	bo**m**	gut	bo**ns**	-m → -ns
-s (unbetont)	o lápis	der Bleistift	os lápis	unverändert

Die meisten Substantive auf -ão bilden den Plural auf -ões.
In dieser Gruppe befinden sich auch alle Vergrößerungsformen.

Singular		Plural
o avi**ão**	das Flugzeug	os avi**ões**
a competiç**ão**	der Wettbewerb	as competiç**ões**
o casar**ão**	das große Haus	os casar**ões**
o fac**ão**	das große Messer	os fac**ões**

Ein paar wenige werden auf -ães und -ãos gebildet, wie zum Beispiel:
alem**ão** (deutsch) → alem**ães** / o irm**ão** (der Bruder) → os irm**ãos**.

Grammatik

1 Ordnen Sie die Singularfom den richtigen Pluralendungen zu.

1. automóvel	das Auto	A -ões
2. filha	die Tochter	B -s
3. real	real	C -eis
4. alemão	deutsch	D -ns
5. fim	das Ende	E -ães
6. coração	das Herz	F -ais
7. canil	die Hundehütte	G -is

2 Ergänzen Sie die Pluralform der jeweiligen Wörter.

1. o lápis ____________________
2. infeliz ____________________
3. o autor ____________________
4. bom ____________________
5. infantil ____________________
6. o girassol ____________________
7. o avião ____________________
8. a competição ____________________
9. inglês ____________________
10. continental ____________________

3 Ergänzen Sie die Pluralform.

1. die gelbe Sonne – o sol amarelo → ____________________
2. der fürsorgliche Vater – o pai cuidadoso → ____________________
3. die glückliche Mutter – a mãe feliz → ____________________
4. das deutsche Auto – o carro alemão → ____________________
5. die blühende Landschaft – a paisagem florida → ____________________
6. mein Flugzeug – o meu avião → ____________________
7. der schwierige Wettbewerb – a competição difícil → ____________________
8. der gutmütige Franzose – o francês bondoso → ____________________
9. das schöne Buch – o livro bonito → ____________________
10. eine besondere Person – uma pessoa especial → ____________________
11. der glückliche Junge – o menino feliz → ____________________
12. das schmackhafte Essen – a comida saborosa → ____________________
13. unser Leben – a nossa vida → ____________________

Das Adverb: Abgeleitete Adverbien und ursprüngliche Formen

Adverbien begleiten und bestimmen Verben, Adjektive und andere Adverbien. Sie sind im Brasilianischen unveränderlich.

Ursprüngliche Adverbien

Ursprüngliche Adverbien sind Adverbien, die nicht von einem Adjektiv abgeleitet werden.

A floresta é **aqui**. / Ele corre **devagar**. Der Wald ist **hier**. / Er läuft **langsam**.

Abgeleitete Adverbien

Abgeleitete Adverbien sind solche, die durch das Anhängen der Endsilbe -mente an die feminine Form der Adjektive gebildet werden.

Haben Adjektive nur eine Form, so wird die Endung an diese Form angehängt.

Adjektiv		Adverb		Regel
Maskulinum	Femininum			
sério	séria	seriamente	ernsthaft	weiblich + -mente
feliz	feliz	felizmente	glücklicherweise	

Eine Ausnahme bilden Adjektive auf -ês. In diesem Fall wird die Endsilbe an die maskuline Form gehängt:

cortês	cortesa	cortes**mente**	höflich

G4 Sonderformen:

Adjektiv		Adverb	
Maskulinum	Femininum		
bom	boa	bem	gut
mau	má	mal	schlecht

Wenn sich die Betonung auf die erste Silbe des Suffixes -mente verlagert, entfallen die Akzente (Ausnahme: Tilde auf -a):

rápido / rápida rapidamente (schnell)

cristão / cristã cristãmente (christlich)

Sonderfälle

- Die maskuline Singularform des Adjektivs wird häufig als Adverb verwendet:
  falar alto / baixo laut / leise sprechen
- Im Brasilianischen benutzt man häufig adverbiale Ausdrücke wie: muitas vezes (oft), de repente (plötzlich), por acaso (zufällig), ao mesmo tempo (gleichzeitig).

1 Setzen Sie die adverbiale Form der folgenden Adjektive ein.

1. cristão – ____________
2. tranqüilo – ____________
3. bom – ____________
4. carinho – ____________
5. sério – ____________
6. feliz – ____________
7. rápido – ____________
8. lento – ____________
9. cortês – ____________
10. mau – ____________

2 Beantworten Sie folgende Fragen.

1. Wie läuft er? langsam – lento → ____________
2. Wie schreibt er? richtig – correto → ____________
3. Wie zieht sie sich an? elegant – elegante → ____________
4. Wie singt er? wunderschön – lindo → ____________
5. Wie spricht sie? schnell – rápido → ____________
6. Wie schläft sie? tief – profundo → ____________
7. Wie lebt er? gefährlich – perigoso → ____________

3 Vervollständigen Sie die Sätze.

assustador (erschreckend) vagaroso (langsam) pouco (wenig) tarde (spät) gracioso (graziös) majestoso (majestätig) alto (laut) veloz (schnell) perigoso (gefährlich) cedo (früh)

1. A tartaruga caminha ____________. Die Schildröte läuft langsam.
2. O pingüim nada ____________. Der Pinguin schwimmt schnell.
3. Os pássaros acordam ____________. Die Vögel wachen früh auf.
4. O caracol sempre chega ____________. Die Schnecke kommt immer zu spät.
5. O papagaio fala muito ____________. Der Papagei spricht sehr laut.
6. O veado vive ____________. Das Reh lebt gefährlich.
7. O passarinho come ____________. Das Vögelchen frißt wenig.
8. O lobo uiva ____________. Der Wolf heult erschreckend.
9. A gazela caminha ____________. Die Gazelle geht graziös.
10. O leão avança ____________. Der Löwe schreitet majestätisch.

Grammatik

Personalpronomen und Anredeformen

Tabelle der Personalpronomen

Die teilweise oder gänzlich veralteten, sowie die nicht empehlenswerten Formen im heutigen Brasilien, stehen in Klammern.

G13

Zahl und Person		Subjektpronomen		direktes Objekt-pron.	indirektes Objektpronomen		mit der Präposition com (mit)
					ohne Präp.	mit Präp.	
Singular	1.	eu	ich	me	me	mim	comigo
	2.	(tu)	du	(te)	(te)	(ti)	(contigo)
	3.	você	du	o / a	lhe	você	com você
		o senhor	Sie (m.)	o	lhe	o senhor	com o senhor
		a senhora	Sie (f.)	a	lhe	a senhora	com a senhora
		ele	er	o	lhe	ele	com ele
		ela	sie	a	lhe	ela	com ela
Plural	1.	nós	wir	nos	nos	nós	conosco
	2.	(vós)	ihr	(vos)	(vos)	(vós)	(convosco)
	3.	vocês	ihr	os / as	lhes	vocês	com vocês
		os senhores	Sie (m.)	os	lhes	os senhores	com os senhores
		as senhoras	Sie (f.)	as	lhes	as senhoras	com as senhoras
		eles	sie (m.)	os	lhes	eles	com eles
		elas	sie (f.)	as	lhes	elas	com elas

Die Stellung der Objektpronomen ist analog zu jener der Reflexivpronomen. Während in der gesprochenen Sprache das Objektpronomen vor dem Verb gebraucht wird, kann in vielen Fällen in der geschriebenen Sprache das Pronomen nach dem Verb stehen.
Wir beschränken uns hier auf den Gebrauch des Pronomens vor dem Verb, da es in der gesprochenen Sprache häufiger anzutreffen ist.

Die Anredeformen in Brasilien

- você(s) + 3. Pers. Sg. / 3. Pl. des Verbs → informell / Ersatz für die veralteten Formen tu und vós.
  Você tem sede? — Hast du Durst?
- o(s) senhor(es) + 3. Pers. Sg. / 3. Pl. des Verbs → formell
  Como vai o senhor? — Wie geht es Ihnen (Sg., m.)?
- a(s) senhora(s) + 3. Pers. Sg. / Pl. des Verbs → fomell
  As senhoras moram aqui? — Wohnen Sie (Pl., f.) hier?
- Dona + Vorname → respektvoll
  Dona Maria (Soares) — Frau (Maria) Soares
- Seu + Vorname → respektvoll
  Seu João (Soares) — Herr (João) Soares
- A gente (Die Leute) + 3. Pers. Sg. → ugs., hat die Bedeutung von nós.
  A gente é diferente! — Wir sind anders!

1 Ergänzen Sie die Personalpronomen eu, ele, ela, nós oder die Anredeformen dona, seu, o senhor, a senhora, você und deren Plural.

1. ________________ Ana, ________________ já provou do bolo?
   Frau (Ana) Costa , haben **Sie** schon von dem Kuchen probiert?

2. ________________ sabe quem ________________ sou? Weißt **du**, wer **ich** bin?

3. Bom dia, ________________ José. ________________ dormiu bem?
   Guten Tag, **Herr** (José) Vieira. Haben **Sie** gut geschlafen?

4. ________________ não está. ________________ quer o número do celular dele?
   Er ist nicht da. Willst **du** seine Handynummer?

5. ____________ vai conversar com ____________,________________ Maria.
   Sie wird mit **Ihnen** reden, **Frau** (Maria) do Nascimento.

6. José, ________________ é um homem de sorte! José, **du** hast wirklich Glück!

2 Tragen Sie die Personalpronomen oder die höfliche Anredeform ein.

1. _________ Maria, o que _________ faz? _________ posso __________ acompanhar?
   Frau (Maria) Vieira, was machen **Sie**? Darf **ich Sie** begleiten?

2. ____________ Joaquim, ____________ pode ______________ fazer um favor?
   Herr (Joaquim) Costa, können **Sie mir** ein Gefallen tun?

3. __________ querem passear ___________ ? Seria uma honra para ___________.
   Wollt **ihr mit uns** spazieren gehen? Das wäre eine Ehre für **uns**.

4. ____________ não quero viajar ________________. __________ não sabe dirigir.
   Ich will nicht **mit ihm** reisen. **Er** kann nicht Auto fahren.

5. Ela sempre _________ diz coisas lindas. ____________ gosta de sair__________.
   Sie sagt **mir** immer schöne Dinge. **Sie** mag es, **mit mir** auszugehen.

6. __________ Tereza faz tudo para ______________ . Ela ____________ ama muito.
   Frau (Tereza) Silva macht alles für **dich**. Sie liebt **dich** sehr.

7. ____________ são muito simpáticas! ____________ ____________ admiro muito .
   Sie (Pl., f.) sind sehr nett! **Ich** bewundere **sie** sehr.

8. __________ tenho que ________________ dizer a verdade sobre ________________.
   Ich muss **dir** die Wahrheit über **mich** sagen.

9. ________________ cantam de madrugada. Isso ________________ irrita muito!
   Sie (Pl., m.) singen in der Nacht. Das stört uns sehr!

10. ________________ gostamos muito de ________________ ! **Wir** mögen **euch** sehr!

Grammatik

Die Reflexivpronomen: Formen und Stellung im Satz

Das Reflexivpronomen bezieht sich immer auf das Subjekt des Satzes. Es begleitet das Verb als direktes oder in einigen Fällen auch als indirektes Objekt. Achtung! Nicht jedes Verb, das im Brasilianischen reflexiv ist, ist auch im Deutschen reflexiv.

Eu **me** apresento.	Ich stelle mich vor.
O presidente **se** rendeu à vontade do povo.	Der Präsident unterwarf sich dem Volkswillen.

G7
G13

Tabelle der Reflexivpronomen

						chamar-**se** heißen
Singular	1. Pers.	eu	ich	me	mich	**me** chamo
	2. Pers.	(tu)	du	(te)	dich	(**te** chamas)
		você	du	se	dich	
	3. Pers.	ele	er	se	sich	**se** chama
		ela	sie	se	sich	
Plural	1. Pers.	nós	wir	nos	uns	**nos** chamamos
	2. Pers.	(vós)	ihr	(vos)	euch	(**vos** chamais)
		vocês	ihr	se	euch	
	3. Pers.	eles	sie (m.)	se	sich	**se** chamam
		elas	sie (f.)	se	sich	

Die 2. Person Singular tu, sowie die 2. Person Plural vós wird in Brasilien durch você bzw. vocês ersetzt.
tu te chamas → você se chama
vós vos chamais → vocês se chamam
Die Reflexivpronomen für die Höflichkeitsformen o(s) senhor(es) / a(s) senhora(s) entspricht der 3. Person Singular und Plural.

Die Stellung im Satz

Die Stellung der Reflexivpronomen ist analog zu jener der Objektpronomen.
Während in der gesprochenen Sprache das Reflexivpronomen vor dem Verb gebraucht wird, kann in vielen Fällen in der geschriebenen Sprache das Pronomen nach dem Verb durch einen Bindestrich verbunden stehen. Dabei entfällt die Endung -s aller Verbformen der 1. Person Plural vor dem Reflexivpronomen nos → chamamo(s)-nos.

Nós **nos** penteamos todos os dias.	Wir kämmen uns jeden Tag.
Zangam-**se** facilmente.	Sie regen sich leicht auf.
O senhor **se** lembra de mim?	Erinneren Sie sich an mich?

1 Setzen Sie das jeweils passende Reflexivpronomen ein.

1. Chamo- ______ João.
   Ich heiße João.
2. Você ______ lava com sabão?
   Wäscht du dich mit Seife?
3. Elas ______ cuidam muito bem.
   Sie achten sehr auf sich.
4. Nós ______ amamos muito.
   Wir lieben uns sehr.
5. Eu ______ visto decentemente.
   Ich kleide mich anständig.
6. Eles casaram- ______ ontem.
   Sie haben gestern geheiratet.
7. Nós ______ levantamos cedo.
   Wir stehen früh auf.
8. Eles retiraram- ______ apavorados.
   Sie zogen sich erschrocken zurück.
9. Passou- ______ muito tempo.
   Es ist viel Zeit vergangen.
10. Quando vocês ______ conheceram?
    Wann habt euch kennengelernt?
11. Nós ______ queixamos do chefe. Wir haben uns über den Chef beschwert.

2 Bilden Sie Sätze aus den untenstehenden Wörtern. Benutzen Sie dabei das Präsens Indikativ und stellen Sie das Pronomen vor das Verb. Die Verbtabellen helfen Ihnen dabei. G13

1. ela / apaixonar-se / facilmente Sie verliebt sich leicht.

   ____

2. nós / machucar-se / muito Wir tun uns sehr weh.

   ____

3. ele / trancar-se / no escritório Er schließt sich im Büro ein.

   ____

4. ela / perguntar-se / o que fazer nessa situação
   Sie fragt sich, was in dieser Situation zu tun ist.

   ____

5. vocês/ levantar-se/ sempre/ tarde Ihr steht immer spät auf.

   ____

6. nós / comunicar-se / por e-mail Wir kommunizieren per E-Mail.

   ____

Possessivpronomen: Übersicht und Gebrauch

Übersicht der Possessivpronomen

	männlich		weiblich	
Sg.	(o) **meu** livro	mein Buch	(a) **minha** casa	mein Haus
	(o) **seu** livro	dein Buch	(a) **sua** casa	dein Haus
	o livro **dele**	sein Buch	a casa **dele**	sein Haus
	o livro **dela**	ihr (Sg.) Buch	a casa **dela**	ihr (Sg.) Haus
	o livro **do(s) senhor(es)** o livro **da(s) senhora(s)**	Ihr (Sg. / Pl.) Buch	a casa **do(s) senhor(es)** a casa **da(s) senhora(s)**	Ihr (Sg. / Pl.) Haus
	(o) **nosso** livro oder o livro **da gente** (ugs.)	unser Buch	(a) **nossa** casa oder a casa **da gente** (ugs.)	unser Haus
	o livro **de vocês**	euer Buch	a casa **de vocês**	euer Haus
	o livro **deles** o livro **delas**	ihr (Pl.) Buch	a casa **deles** a casa **delas**	ihr (Pl.) Haus

G2

Gebrauch

Die Possessivpronomen richten sich in Zahl und Geschlecht nach dem Substantiv. Gewöhnlich steht es vor dem Substantiv.

(o) nosso livro	unser Buch	(a) nossa casa	unser Haus
(os) nossos livros	unsere Bücher	(as) nossas casas	unsere Häuser

G10
G12

In Verbindung mit dem unbestimmten Artikel oder mit weiteren Pronomen wird das Possessivpronomen dem Substantiv nachgestellt.

Um amigo **meu** … — Ein Freund von mir …

Aquele empregado **nosso** … — Unser Angestellter von damals …

Das Possessivpronomen kann auch allein (ohne Substantiv) stehen. Es muss aber vom Artikel begleitet werden.

(A) sua roupa e **a minha** … — Deine Kleidung und meine …

Nach dem Verb ser im Sinne von *gehören* steht kein Artikel vor dem Possessivpronomen.

A casa é **sua**. — Das Haus gehört dir.

Im Brasilianischen ist das Possessivpronomen der 3. P. Sg. und Pl. seu, seus, sua, suas mehrdeutig und birgt die Gefahr von Verwechslungen. Diese Formen werden daher meistens mit der Präposition de (dele, dela, do(s) senhor(es), da(s) senhora(s), de vocês, deles, delas) umschrieben und stehen nach dem Substantiv. Sie bleiben in Bezug auf das Substantiv unverändert und richten sich nach dem Besitzer:

(o) seu livro → o livro **dele** — sein Buch

(os) seus livros → os livros **dele** — seine Bücher

Grammatik

1 Setzen Sie die Possessivpronomen ein.

1. mein Buch ____________________ livro
2. dein Auto ____________________ carro
3. unser Flugzeug ____________________ avião
4. sein Fenster a janela ____________________
5. ihr Fest (Pl.) a festa ____________________
6. unser Ball ____________________ bola
7. euer Essen a comida ____________________
8. meine Brille ____________________ óculos
9. ihre Tasche (Sg.) a bolsa ____________________

2 Setzen Sie jeweils ein Possessivpronomen mit der Präposition de ein.

do senhor	da senhora	da gente	de vocês	de você	dele	deles	delas

1. A jaqueta (die Jacke) ____ (Herr da Silva).
2. A loja (der Laden) ____ (Frau Carvalho).
3. As preocupações (die Sorgen) ____ (von dir).
4. O caminhão (der Lastwagen) ____ (von euch).
5. A paciência (die Geduld) ____ (Jorge).
6. A maioria (die Mehrheit) ____ (von uns).
7. A festa (die Party) ____ (Miguel und Márcia).
8. Os cavalos (die Pferde) ____ (Maria und Tereza).

3 Vervollständigen Sie die Sätze mit der korrekten Form des jeweiligen Possessivpronomens.

1. Os livros de escola são ____________ (nós). Die Schulbücher sind unsere.
2. A aula ____________ (ele) é muito boa. Sein Unterricht ist sehr gut.
3. As ____________ (você) cartas chegaram. Deine Briefe sind angekommen.
4. Esta é a ____________(eu) bicicleta. Dies ist mein Fahrrad.
5. ____________ (eu) casa é ____________ (você) casa. Mein Haus ist dein Haus.

Grammatik

Demonstrativpronomen: Formen und Gebrauch

Die Formen der Demonstrativpronomen

veränderlich (in der Regel begleiten sie ein Substantiv)				unveränderlich (stehen immer ohne Substantiv)
Singular		Plural		
Maskulinum	Femininum	Maskulinum	Femininum	Neutrum
este	esta	estes	estas	isto
esse	essa	esses	essas	isso
aquele	aquela	aqueles	aquelas	aquilo

Der Gebrauch der Demonstrativpronomen

- este wird gebraucht, wenn es sich um Personen oder Sachen handelt, die sich in der Nähe des Sprechers befinden. Es wird mit dem Ortsadverb aqui (hier) verwendet.
  Esta flor aqui é belíssima. — Diese Blume (hier) ist wunderschön.

- esse wird gebraucht, wenn es sich um Personen oder Sachen handelt, die sich in der Nähe der angesprochenen Person befinden, die angesprochen wird. Es wird mit dem Ortsadverb aí (da) verwendet.
  Essas malas aí são suas? — Sind diese Koffer (bei dir) deine?

  → Im Brasilianischen wird selten zwischen este und esse unterschieden.

- aquele wird gebraucht, wenn es sich um Personen oder Sachen handelt, die eine räumliche Distanz zum Sprecher und zum Angesprochenen aufweisen. Es wird mit dem Ortsadverb ali (dort, da) verwendet.
  Aquela estátua ali é muito antiga. — Diese Statue (dort) ist sehr alt.

Neben dem räumlichen Aspekt können die Demonstrativpronomen auch eine zeitliche Komponente zum Ausdruck bringen.

esta manhã — heute Morgen
naquele tempo — damals / zu jener Zeit

G1

Verschmelzung mit Präpositionen

Die Demonstrativpronomen verschmelzen mit den folgenden Präpositionen zu einem Wort.

	neste	nesta	nestes	nestas	nisto
em	nesse	nessa	nesses	nessas	nisso
	naquele	naquela	naqueles	naquelas	naquilo
	deste	desta	destes	destas	disto
de	desse	dessa	desses	dessas	disso
	daquele	daquela	daqueles	daquelas	daquilo
a	àquele	àquela	àqueles	àquelas	àquilo

→ Die Formen este und esse werden nicht mit der Präposition a zusammengezogen.

1 Setzen Sie das passende Demonstrativpronomen ein. G2

1. ________ sofá aqui é confortável. Dieses Sofa hier ist bequem.
2. ________ semana começam as férias. Diese Woche beginnen die Ferien.
3. ________ bicicleta ali é sua? Ist das Fahrrad da deins?
4. ________ está certo! Das ist richtig!
5. ________ menino ali é meu irmão. Der Junge dort ist mein Bruder.
6. ________ roupa combina bem com você. Diese Kleidung steht dir gut.
7. ________ rádio toca alto. Dieses Radio ist sehr laut gestellt.
8. ________ mulher ali é a sua esposa? Ist diese Frau dort deine Ehefrau?

2 Bilden Sie die richtige Form aus Demonstrativpronomen und Präposition

1. (Em) ________ mês vou viajar. In diesem Monat werde ich verreisen.
2. Estou com medo (de) ________ prova. Ich habe Angst vor dieser Prüfung.
3. Ela gosta (de) ________ bolo aqui. Sie mag diesen Kuchen hier.
4. O que você acha (de) ________? Was hältst Du davon?
5. Ele saiu (de) ________ carro ali. Er stieg aus diesem Auto dort aus.
6. Você pode perguntar (a) ________ senhora. Du kannst diese Frau dort fragen.
7. Eu não entro (em) _____ casa mais. Ich betrete dieses Haus (hier) nicht mehr.

3 Setzen Sie ein Demonstrativpronomen oder ein Demonstrativpronomen + Präposition ein. G29 – G31

1. Comprei ________ mesa ________ loja do bairro Copacabana. Ich habe diesen Tisch in diesem Laden dort im Viertel „Copacabana" gekauft.
2. ________ frutas têm um sabor fantástico. Elas são ________ loja aí? Diese Früchte schmecken fantastisch. Sind sie aus diesem Geschäft da?
3. Eu não gosto ________. Ich mag das dort nicht.
4. Coloque ________ frutas ________ cesto ali. Lege diese Früchte in diesen Korb dort hinein.

Relativpronomen: Formen und Gebrauch

Formen und Gebrauch

que	der, die, das

Das Relativpronomen que wird am häufigsten verwendet. Es ist unveränderlich und wird (oft nach Präpositionen) in Bezug auf Personen und Sachen gebraucht. Es kann die Rolle des Subjektes oder des Objektes übernehmen.

A máquina **que** faz tudo. — Die Maschine, die alles macht.

o / a qual – os / as quais	der, die, das; welcher, welche(s) – die, welche

Diese Relativpronomen verändern sich in Zahl und Geschlecht entprechend dem vorausgehenden Substantiv. Sie werden in Bezug auf Personen und Sachen verwendet und sind vorwiegend in der Schriftsprache zu finden.

Sie werden häufig gebraucht um Zweideutigkeit zu vermeiden, denn qual / quais stellen im Gegensatz zu que einen eindeutigen Bezug her.

Os estudos e **as festas, as quais** tanto me agradam, fazem parte da vida acadêmica. — Das Lernen und **die Partys**, **welche** mir so gefallen, sind Teil des akademischen Lebens.

In der Umgangsprache stellt man o / a qual, os / as quais Präpositionen voran.

Tenho uns óculos **sem os quais** não posso ler. — Ich habe eine Brille, ohne die ich nicht lesen kann.

quem	wer; wem; wen; derjenige, der

Quem ist unveränderlich und wird (häufig nach Präpositionen) nur in Bezug auf Personen verwendet.

Esta é a mulher com **quem** trabalho. — Das ist die Frau, mit der ich arbeite.

cujo / -a – cujos / -as	dessen, deren – deren

Diese Genitivform ist fast ausschließlich in der Schriftsprache zu finden. Sie wird in Bezug auf Personen und Sachen verwendet und verändert sich in Zahl und Geschlecht entsprechend dem nachfolgenden Substantiv.

Esta é a maçã **cujo** sabor me agrada. — Das ist der Apfel, dessen Geschmack mir gefällt.

quanto / -a – quantos / -as	wie viel(e) – wie viele

In seiner Funktion als Relativpronomen steht quanto fast nie allein, sondern wird zusammen mit tudo, todo -a / todos, -as oder tanto,- a / tantos, -as verwendet.

Dou-lhe **tudo quanto** tenho. — Ich gebe dir alles, was ich habe.

Grammatik

1 Bilden Sie Sätze aus den untenstehenden Wörtern.

1. o menino / que / conheço / eu (Der Junge, den ich kenne.)

   ____

2. tranqüila / a rua / que / era (Die Straße, die ruhig war.)

   ____

3. a gata / não gosta de / ratos / a qual (Die Katze, die keine Mäuse mag.)

   ____

4. o qual / não termina / o caminho (Der Weg, der nicht endet.)

   ____

5. perguntas / não têm / respostas / que (Fragen, die keine Antworten haben.)

   ____

6. que / chegam / as famílias / amanhã (Die Familien, die morgen ankommen.)

   ____

2 Setzen Sie das passende Relativpronomen ein.

1. Eu conheço um programa de computação __________ uso é facil.
   (Ich kenne ein Computerprogramm, dessen Gebrauch leicht ist.)
2. Eu gosto de filmes __________ histórias são simples.
   (Ich mag Filme, deren Handlungen einfach sind.)
3. Ela vende cestas __________ são feitas de materias naturais.
   (Sie verkauft Körbe, welche aus Naturmaterialien gemacht werden.)
4. No Brasil há muitas pessoas __________ cabelos são encaracolados.
   (In Brasilien gibt es viele Menschen, deren Haare lockig sind.)
5. Procuro a carta e as fotos __________ você mandou para mim.
   (Ich suche den Brief und die Fotos, die du mir geschickt hast.)
6. Maria é uma colega com __________ ela estuda.
   (Maria ist eine Mitschülerin, mit der sie lernt.)
7. Ele me dá tanto dinheiro __________ preciso.
   (Er gibt mir soviel Geld wie ich brauche.)

Die Interrogativpronomen und Indefinitpronomen

Die Interrogativpronomen

Die Tabelle unten zeigt (1) unveränderliche und (2) veränderliche Interrogativpronomen sowie (3) Interrogativadverbien:

1	(o) que was	**O que** você faz?	Was machst du?
	quem wer, wen, wem	**Quem** falou?	Wer hat gesprochen?
	quanto wie viel + Verb	**Quanto** custa isso?	Wie viel kostet das?
2	qual (de) / quais (de)	**Qual** é o seu nome?	Welcher ist dein Name?
	welche / -r / -s	**Quais de** vocês vão?	Welche von euch gehen?
	quanto / -a, quantos / -as	**Quantos** tomates?	Wie viele Tomaten?
	wie viel(e) + Subst.	**Quanto** tempo dura isso?	Wie lange dauert das?
3	onde wo	**Onde** ela está?	Wo ist sie?
	de onde woher	**De onde** ele veio?	Woher kam er?
	aonde wohin	**Aonde** o senhor vai?	Wohin gehen Sie?
	quando wann	**Quando** você vem?	Wann kommst du?
	como wie	**Como** foi a festa?	Wie war die Party?
	por que warum	**Por que** você faz isso?	Warum machst du das?
	para que wozu	**Para que** se irritar?	Wozu sich aufregen?

Die Indefinitpronomen

Veränderliche Indefinitpronomen	
muito / -a, muitos / -as	viel(e)
pouco / -a, poucos / -as	wenig(e)
todo / -a, todos / -as	ganz, alle
outro / -a, outros / -as	ein anderer / -es / (eine) andere
tanto / -a, tantos / -as	so viel(e)
algum / -a, alguns / algumas	irgendeiner / -eine / -ein , einige
nenhum / -a, nenhuns / nenhumas	keiner / keine / kein, keine
ambos / -a	beide
vários / -a	verschiedene

Unveränderliche Indefinitpronomen					
tudo	alles	mais	mehr	nada	nichts
alguém	jemand	ninguém	niemand	menos	weniger
cada	jeder, jede, jedes				

1 Ergänzen Sie das jeweilige Interrogativpronomen. Wenn nötig, verändern Sie es hinsichtlich Anzahl und Geschlecht.

1. Vocês falaram com ______________? — Mit wem habt ihr gesprochen?
2. ________________ custam duas passagens para Ouro Preto? — Wie viel kosten zwei Fahrkarten nach Ouro Preto?
3. ________________ são suas bolsas? — Welche sind deine Taschen?
4. ________________ elas chegaram a Roma? — Wie sind sie nach Rom gekommen?
5. ________________ tias ele tem? — Wie viele Tanten hat er?
6. __________ ela sempre vai aos domingos? — Wohin geht sie immer am Sonntag?
7. _______________ fazer reserva? Sempre há bastante vagas. — Wozu reservieren? Es gibt immer genügend freie Plätze.
8. ___________ elas vieram? — Woher sind sie gekommen?

2 Bilden Sie die korrekte Form des jeweiligen Indefinitpronomens. G2

1. _______________ muito / comida (viel Essen)
2. _______________ algum / dias (einige Tage)
3. _______________ tanto / pressa (so viel Eile)
4. _______________ nenhum / amiga (keine Freundin)
5. _______________ ambos / as línguas (beide Sprachen)
6. _______________ vários / propostas (verschiedene Angebote)
7. _______________ algum / semanas (einige Wochen)
8. _______________ todo / anos (jedes Jahr)

3 Vervollständigen Sie die Sätze.

1. Eu não sei de __________. Ich weiß von nichts.
2. Ela conhece _________ da sua escola. Sie kennt jemanden aus deiner Schule.
3. __________ vai dar certo! Alles wird gut!
4. Eles não gostam __________ de você do que eu. Sie mögen dich nicht mehr als ich dich.
5. __________ panela acha a tampa dela. Jeder Topf findet seinen Deckel.
6. As cabras comem __________ do que as vacas. Die Ziegen fressen weniger als die Kühe.
7. __________ ligou para elas. Jemand hat sie (f. Pl.) angerufen.
8. Elas não me contaram __________. Sie haben mir nichts erzählt.

Das Verb: Indikativ Präsens / Verlaufsform

Verbklassen

Die Verben bestehen immer aus einem Stamm und einer Endung. Je nach ihrer Endung im Infinitiv unterscheidet man drei Gruppen von Verben:

1. Konjugation (häufigste Form)	2. Konjugation (weniger häufig)	3. Konjugation (seltenere Form)
-ar	-er	-ir

Indikativ Präsens

Die regelmäßigen Verben im Präsens haben je nach Konjugationsgruppe folgende Endungen:

G7

	falar (sprechen)	beber (trinken)	partir (weggehen)
eu (ich)	fal **-o**	beb **-o**	part **-o**
você (du)	fal **-a**	beb **-e**	part **-e**
ele / ela (er / sie)	fal **-a**	beb **-e**	part **-e**
nós (wir)	fal **-amos**	beb **-emos**	part **-imos**
vocês (ihr)	fal **-am**	beb **-em**	part **-em**
eles / elas (sie) (m., f.)	fal **-am**	beb **-em**	part **-em**

Da man an der Verbendung die Person erkennen kann, wird das Personalpronomen in der Regel ausgelassen: Eu falo português / Falo português (Ich spreche Portugiesisch). Es wird dann benötigt, wenn man die Person deutlich hervorheben will: Ele fala português (Er spricht Deutsch – nicht sie).

→ Die Konjugation vieler unregelmäßiger Verben finden Sie in den Verbtabellen.

Die Verlaufsform (Gerundium)

Diese Konstruktion wird gebraucht, um ein noch andauerndes oder gerade stattfindendes Geschehen zum Ausdruck zu bringen.

Ele viaja muito.	Er reist viel (allgemein).
Ele está viajando pela Europa.	Im Augenblick reist er durch Europa.

Die Verlaufsform im Präsens wird folgendermaßen gebildet:

G14 Hilfsverb estar (sein) im Präsens + Hauptverb im Gerundium.

Das Gerundium leitet sich vom Infinitiv ab. Die Endung -r des Infinitivs wird durch -ndo ersetzt.

	estar (+)	Gerundium
eu (ich)	estou	
você (du)	está	fala **-ndo**
ele / ela (er / sie)	está	**+** bebe **-ndo**
nós (wir)	estamos	parti **-ndo**
vocês (ihr)	estão	
eles / elas (sie) m., f.)	estão	

Grammatik

1 Ordnen Sie die Verbform dem Personalpronomen zu.

1. eu	A fala
2. eles	B falamos
3. nós	C falam
4. você	D falo

2 Ergänzen Sie die Tabelle und konjugieren Sie die Verben comer (essen), beber (trinken) und partir (abfahren / weggehen).

eu	você	ele	ela	nós	vocês	eles	elas
		come				comem	
bebo				bebemos			bebem
	parte		parte		partem		

3 Ergänzen Sie die Lücken mit den Formen des Präsens.

1. Eu (viver) ______________ na Alemanha. Ich lebe in Deutschland.
2. Nós (assistir) ______________ à televisão. Wir schauen fern.
3. Elas (escrever) ______________ uma carta. Sie schreiben einen Brief.
4. Você (estudar) ______________ alemão? Lernst du Deutsch?
5. Vocês (comprar) ______________ livros aqui? Kauft ihr Bücher hier?
6. Maria (abrir) ______________ uma garrafa de vinho. Maria öffnet eine Flasche Wein.

4 Ergänzen Sie die folgende Tabelle.

Infinitiv	Personalpronomen	Verb estar im Präsens	Gerundium
estudar – lernen	eu	____________	estudando
escrever – schreiben	________ , ________ , ________	está	escrevendo
dirigir – Auto fahren	________________________	estamos	____________
vender – verkaufen	vocês, ________ , ________	____________	____________

5 Was machen die Personen gerade? Ordnen Sie die Sätze auf Brasilianisch den Sätzen auf Deutsch zu.

1. Nós estamos vendendo nossos móveis.	A Ich fahre gerade Motorrad.
2. Eles estão passeando na praia.	B Sie schreibt gerade ein Buch.
3. Ela está escrevendo um livro.	C Wir verkaufen gerade unsere Möbel.
4. Eu estou dirigindo uma motocicleta.	D Sie gehen gerade am Strand spazieren.

Die Verben ser und estar

Gegenüberstellung von ser und estar

Im Brasilianischen gibt es zwei Verben mit der Bedeutung *sein*: ser (sein) und estar (sein, sich befinden). Sie werden unterschiedlich gebraucht und folgen festgelegten Regeln. Die konjugierten Verben finden Sie in den Verbtabellen.

Das Verb ser bezeichnet allgemein wesentliche Eigenschaften und Zustände, die von Natur aus nicht oder nur bedingt veränderbar sind.	Das Verb estar bezeichnet allgemein temporäre Zustände oder veränderliche Merkmale.
O tempo aqui é **sempre** muito bom.	**Hoje** está tão frio!
Das Wetter ist hier immer sehr schön.	Heute ist es so kalt!

Im Einzelnen werden sie wie folgt gebraucht:

ser	estar
bei Angaben über Beruf, Charakterzüge, Daten- und Zeitangaben, Farbe, Form, Geschlecht, Herkunft, Material, Nationalität, usw.	bei Angaben über Gefühle, Krankheit, Wetter, usw.
Teresa é brasileira. Ela é de São Paulo.	Em São Paulo hoje o tempo está ótimo.
Teresa ist Brasilianerin. Sie ist aus São Paulo.	In São Paulo ist das Wetter heute wunderbar.
Teresa é dentista. Ela é muito simpática!	Teresa está muito contente com o seu trabalho.
Teresa ist Zahnärztin. Sie ist sehr nett!	Teresa ist sehr zufrieden mit ihrer Arbeit.
Seus cabelos são longos e seus olhos são verdes.	No dentista as pessoas às vezes estão muito nervosas.
Ihre Haare sind lang und ihre Augen sind grün.	Beim Zahnarzt sind die Menschen manchmal sehr nervös.
Hoje é dia cinco de junho. É seu aniversário.	Sua amiga Márcia não vem à festa porque está doente.
Heute ist der 5. Juni. Es ist ihr Geburtstag.	Ihre Freundin Márcia kommt nicht zum Fest, weil sie krank ist.

Außerdem unterscheidet man zwischen ser und estar im folgenden Fall:

bei unveränderlichen Ortsangaben von Gebäuden, Geschäften, etc.	zur Lokalisierung einer Person oder zur Angabe eines veränderlichen Ortes (sich befinden). Meistens mit der Präposition em.
O banco é ali na esquina.	Eles estão no (em + o) café mas os seus livros estão na (em + a) sala de aula.
Die Bank ist drüben an der Ecke.	Sie sind im Café aber ihre Bücher sind im Klassenzimmer.

G1

Grammatik

1 Streichen Sie das falsche Verb durch.

1. Sofia e Julia estão / são de férias no Rio de Janeiro.
   Sofia und Julia sind in Rio de Janeiro im Urlaub.
2. Você está / é bem? Geht's dir gut?
3. Hoje é / está o dia da independência do Brasil.
   Heute ist der Tag der brasilianischen Unabhängigkeit.
4. Estes anéis estão / são de ouro branco ou de prata?
   Sind diese Ringe aus Weißgold oder aus Silber?

2 Welches Verb bedeutet was?

1. Estou um pouco nervoso.
2. Você é de Santa Catarina?
3. O teatro é na esquina com o banco.
4. Eles estão no Brasil com a família.
5. Amanhã é dia 6 de junho.
6. Hoje o tempo está frio e úmido.

A Lokalisierung eines festen Ortes.
B Vorübergehender Zustand.
C Wetterbedingung.
D Zeitangabe.
E Herkunft.
F Lokalisierung von Personen.

3 Ergänzen Sie die Sätze mit dem passenden Verb.

1. Mario ________ meu chefe.
   Mario ist mein Chef.
2. O livro ________ aqui.
   Das Buch ist hier.
3. Mario ________ de Salvador.
   Mario kommt aus Salvador.
4. Ele ________ com amigos no bar.
   Er ist mit Freunden in einer Kneipe.

é oder está?

5. Mario ________ engenheiro civil.
   Mario ist Bauingenieur.
6. Ele ________ muito feliz hoje.
   Er ist heute sehr glücklich.
7. O quê? Já ________ meio-dia?
   Was? Es ist schon Mittag?
8. Mario ________ na praia pois ________ muito calor hoje.
   Mario ist am Strand, weil es heute sehr heiß ist.

Das Verb: Vergangenheit Indikativ Perfekt und Imperfekt

Indikativ Perfekt

Das einfache Perfekt wird für völlig abgeschlossene Handlungen oder Ereignisse der Vergangenheit gebraucht. Diese sind durch Anfang und / oder Ende klar umrissen.

Ontem ele foi ao cinema. — Gestern ist er ins Kino gegangen.
Jorge Amado morreu no dia 6 de Agosto de 2001. — Jorge Amado starb am 6. August 2001.

Das Perfekt der regelmäßigen Verben wird durch Anhängen folgender Endungen an den Verbstamm gebildet:

G7

	falar (sprechen)	beber (trinken)	partir (weggehen)
eu (ich)	fal **-ei**	beb **-i**	part **-i**
você (du)	fal **-ou**	beb **-eu**	part **-iu**
ele / ela (er / sie)	fal **-ou**	beb **-eu**	part **-iu**
nós (wir)	fal **-amos**	beb **-emos**	part **-imos**
vocês (ihr)	fal **-aram**	beb **-eram**	part **-iram**
eles / elas (sie) (m., f.)	fal **-aram**	beb **-eram**	part **-iram**

→ Die Konjugation vieler unregelmäßiger Verben finden Sie in den Verbtabellen.

Indikativ Imperfekt

Das Imperfekt beschreibt Handlungen oder Ereignisse, die in der Vergangenheit andauern oder sich gewohnheitsmäßig wiederholen. Beginn und Ende sind nicht gekennzeichnet.

Nós estudávamos português sempre juntos. — Wir lernten immer zusammen Portugiesisch.
Naquela época eu morava no Rio de Janeiro. — Damals lebte ich in Rio de Janeiro.

> Um Wünsche, Bitten oder einfache Aussagen höflich auszusprechen wird das Imperfekt gebraucht. Vor allem bei den Verben querer (wollen / mögen) und poder (können / dürfen).
> Queria um cafezinho por favor. — Ich hätte gern einen Kaffee bitte.

Das Imperfekt der regelmäßigen Verben wird durch Anhängen folgender Endungen an den Verbstamm gebildet:

	tomar (nehmen)	comer (essen)	abrir (öffnen)
eu (ich)	tom **-ava**	com **-ia**	abr **-ia**
você (du)	tom **-ava**	com **-ia**	abr **-ia**
ele / ela (er / sie)	tom **-ava**	com **-ia**	abr **-ia**
nós (wir)	tom **-ávamos**	com **-íamos**	abr **-íamos**
vocês (ihr)	tom **-avam**	com **-iam**	abr **-iam**
eles / elas (sie) (m., f.)	tom **-avam**	com **-iam**	abr **-iam**

Beim Imperfekt sind nur wenige Verben unregelmäßig, wie z. B.: ser (sein), ter (haben), vir (kommen), ir (gehen). Die Konjugation dieser Verben finden Sie in den Verbtabellen.

1 Ergänzen Sie folgende Sätze im Perfekt.

estudar (lernen) comer (essen) abrir (öffnen) beber (trinken) falar (sprechen)

1. Eu ______________ português no Brasil.
2. Ela ______________ uma garrafa de vinho do Porto.
3. Vocês ______________ com a Maria?
4. O senhor ______________ uma caipirinha?
5. Eles ______________ no restaurante italiano.

2 Bringen Sie die Imperfektformen der Verben falar (sprechen) und viver (leben) in die richtige Reihenfolge und ergänzen Sie die Tabelle.

vivíamos vivia falávamos viviam falava falavam

eu		
você / ele / ela		
nós		
vocês / eles / elas		

3 Lesen Sie den folgenden kurzen Text. Haben Sie die Perfektformen erkannt? Nicht alle sind regelmäßig. Schreiben Sie sie auf und fügen Sie das Imperfekt ebenfalls hinzu. Sie können die Verbtabelle zu Hilfe nehmen.

Ontem Mario acordou às 7 horas, tomou o café da manhã e foi de carro para o trabalho. Lá ele abriu suas correspondências, escreveu muitos e-mails e discutiu sobre o novo projeto com seus colegas de trabalho.
À noite voltou a casa, tomou um banho, assistiu à televisão e depois foi dormir.

Gestern ist Mario um 7 Uhr aufgewacht. Er hat gefrühstückt und ist zur Arbeit gefahren. Dort hat er seine Post aufgemacht, viele E-mails geschrieben und mit seinen Arbeitskollegen über das neue Projekt diskutiert. Am Abend ist er nach Hause zurückgekehrt, hat geduscht, fern gesehen und ist anschließend schlafen gegangen.

1. Verben auf -ar → ele acordou, ______________________________

   Imperfekt → ele acordava, ______________________________

2. Verben auf -er → ______________________________

   Imperfekt → ______________________________

3. Verben auf -ir → ______________________________

   Imperfekt → ______________________________

Gegenüberstellung von Indikativ Imperfekt und Perfekt

G15

Der Gebrauch von Indikativ Imperfekt und Perfekt

Für den korrekten Gebrauch des Imperfekts und des Perfekts sind folgende Abgrenzungen zu berücksichtigen:

Indikativ Imperfekt	Indikativ Perfekt
Beschreibung von Handlungen und Tätigkeiten, die sich gewohnheitsmäßig wiederholen. Oft werden Wörter wie antigamente (früher) oder naquele tempo (damals) gebraucht. Beginn und Ende sind nicht gekennzeichnet.	Darstellung einer einmaligen Handlung in der Vergangenheit, die völlig abgeschlossen ist und sich zu einem genauen Zeitpunkt ereignet hat.
Quando eu morava no Brasil eu via o mar todos os dias.	Ontem comprei um lindo vestido.
Als ich in Brasilien wohnte, sah ich das Meer jeden Tag.	Gestern habe ich ein wunderschönes Kleid gekauft.
Beschreibungen in der Vergangenheit.	Aufzählung einzelner Ereignisse einer Handlungskette.
O ladrão era alto, tinha uma barba e corria apressadamente.	Paula chegou a casa, acendeu a luz e tirou os sapatos.
Der Dieb war groß, hatte einen Bart und lief sehr schnell.	Paula kam nach Hause, knipste das Licht an und zog die Schuhe aus.
Beschreibung von Handlungen, die in der Vergangenheit noch andauerten, als eine neue (Perfekt) hinzutrat.	Beschreibung einer Handlung, die eintrat, während eine andere (Imperfekt) noch andauerte.
Eu estava na piscina quando começou a chover.	Quando cheguei a casa você já dormia.
Ich war im Schwimmbad, als es zu regnen anfing.	Als ich nach Hause kam, hast du schon geschlafen.

Außerdem wird der Imperfekt noch in folgenden Situationen verwendet:
Bei Erzählungen wie Märchen, Geschichten, etc.

Era uma vez uma princesa que morava num lindo castelo.	Es war einmal eine Prinzessin, die in einem wunderschönen Schloss wohnte.

Zwei gleichzeitig verlaufende nicht abgeschlossene Handlungen.

Enquanto Maria dormia Sérgio preparava o café da manhã.	Während Maria schlief, bereitete Sérgio das Frühstück vor.

G13

Manchmal kann das Imperfekt durch die Verlaufsform in der Vergangenheit ersetzt werden. Enquanto Maria estava dormindo Sérgio estava preparando o café da manhã (Verb estar im Imperfekt + Gerundium).

1 Finden Sie die geeignete Satzendung.

1. Antigamente …
2. Em 1980 …
3. Era uma vez …
4. Quando o telefone tocou …

A … uma princesa …
B … cheguei à Alemanha.
C … você dormia.
D … eu morava no campo.

2 Ergänzen Sie die Lücken mit den Formen des Perfekts oder des Imperfekts. In G15 finden Sie die Konjugationsübersicht dazu.

dormir	acender	chegar	viver	ler

1. Ele ____________________ às 8.00.
2. Naquele tempo nós ____________________ no Brasil.
3. Você ____________________ a luz quando chegou ?
4. Eu ____________________ o jornal enquanto você ____________________ .

3 Kreuzen Sie an, ob die Sätze richtig certo oder falsch errado sind und ergänzen Sie, falls nötig, die richtige Fassung.

1. Eu preparava o café da manhã enquanto vocês liam um livro. ☐ certo ☐ errado

   ____

2. Marcos tirava os sapatos quando chegou a casa. ☐ certo ☐ errado

   ____

3. Vocês compravam o jornal ontem. ☐ certo ☐ errado

   ____

4. Antigamente Lúcia e eu moramos na América do Sul. ☐ certo ☐ errado

   ____

4 Vervollständigen Sie die folgende Geschichte mit den passenden Verbformen (Perfekt oder Imperfekt). In G15 finden Sie die Konjugationsübersicht dazu.

____________ (ser) uma vez um homem chamado Francisco. Ele ____________ (ser) alto e ____________ (ter) uma barba. Francisco ____________ (viver) em uma cidade grande (in einer großen Stadt) mas ____________ (querer) morar no campo. Em 1998 ele ____________ (terminar) os estudos e no ano passado ____________ (comprar) um apartamento e se ____________ (casar). Antigamente ele ____________ (dormir) muito, ____________ (ler) o jornal e ____________ (preparar) o café da manhã sem stress. Quando o bebê (Baby) ____________ (chegar) a vida relaxada (entspanntes Leben) ____________ (terminar).

Grammatik

Das Verb: Zusammengesetzte Zeiten des Indikativs

Das zusammengesetzte Perfekt

Das zusammengesetzte Perfekt bezeichnet Handlungen, die in der Vergangenheit begonnen haben, in ihrer Wirkung aber in die Gegenwart hineinreichen oder gerade in der Gegenwart zum Abschluss kommen. Es wird oft von Adverbien und adverbialen Bestimmungen der Zeit begleitet, wie: ultimamente, nos últimos tempos (in letzter Zeit), até agora (bis jetzt).

Eu tenho trabalhado muito nas últimas semanas. — In den letzten Wochen habe ich viel gearbeitet.

Es wird aus dem Indikativ Präsens des Hilfsverbs ter (haben) und dem Partizip Perfekt des Hauptverbs gebildet.

Um das Partizip Perfekt zu bilden, werden die Endungen -ado für die 1. (-ar) und -ido für die 2. und 3. Konjugation (-er, -ir) an den Verbstamm angehängt. Das Partizip ist unveränderlich!

G7

	ter	
	zusammengesetztes Perfekt	Partizip
eu (ich)	tenho	fal **-ado** (gesprochen)
você (du)	tem	trabalh **-ado** (gearbeitet)
ele / ela (er / sie)	tem	conhec **-ido** (gekannt)
nós (wir)	temos	sa **-ído** (ausgegangen)
vocês (ihr)	têm	dorm **-ido** (geschlafen)
eles / elas (sie) (m., f.)	têm	part **-ido** (weggegangen)

Es gibt aber unregelmäßige Partizipien wie z. B.: abrir → aberto, escrever → escrito,ver → visto, fazer → feito, dizer → dito etc. Weitere unregelmäßige Partizipien finden Sie in den Verbtabellen.

Das zusammengesetzte Plusquamperfekt

Das zusammengesetzte Plusquamperfekt wird mit dem Indikativ Imperfekt des Hilfsverbs ter und dem Partizip Perfekt des Hauptverbs gebildet. Es bezeichnet eine Handlung, die bereits beendet war, als eine neue eintrat. Das Adverb já (schon, bereits) wird oft bei diesen Konstruktionen verwendet.

Quando ela mandou a resposta, ele já tinha desistido do casamento. — Als sie die Antwort schickte, hatte er bereits die Hochzeit abgesagt.

	ter		Partizip
eu (ich)	tinha		trabalh **-ado** (gearbeitet)
você (du)	tinha		telefon **-ado** (angerufen)
ele / ela (er / sie)	tinha		viv **-ido** (gelebt)
nós (wir)	tínhamos	+	conhec **-ido** (kennen gelernt)
vocês (ihr)	tinham		dorm **-ido** (eingeschlafen)
eles / elas (sie) (m., f.)	tinham		sa **-ído** (ausgegangen)

1 Was haben diese Personen in letzter Zeit besonders viel (muito) gemacht? Bilden Sie Sätze mit dem zusammengesetzten Perfekt. Verwenden Sie Ausdrücke wie: ultimamente, nos últimos tempos, nas últimas semanas und até agora.

1. Vocês – telefonar ____________________
2. Eu – escrever ____________________
3. Nós – dormir ____________________
4. Ele – falar ____________________
5. Elas – trabalhar ____________________
6. Você – sair ____________________

2 Beantworten Sie die Fragen mit dem zusammengesetzten Perfekt.

1. Warum ist sie so müde?

   Porque (weil) ela ____________________ (trabalhar) muito ultimamente.
2. Warum kannst du so gut Portugiesisch sprechen?

   Porque eu ____________________ (falar) muito português ultimamente.
3. Warum kennt ihr diese Stadt so gut?

   Porque nós ____________________ (viver) aqui nos últimos tempos.
4. Warum verpasst du den Bus so oft?

   Porque eu ____________________ (dormir) muito nos últimos tempos.

3 Welche Vorbereitungen wurden getroffen, bevor die Party losging? Verwenden Sie das zusammengesetzte Plusquamperfekt.

falar	comprar	escrever	telefonar	fazer	escolher

1. Einladungen geschrieben. Eu ____________________ os convites.
2. Gäste angerufen. Maria ____________________ para os convidados.
3. Getränke gekauft. Nós ____________________ as bebidas.
4. Die Musik ausgesucht. Elas ____________________ as músicas.
5. Mit den Nachbarn darüber gesprochen Fábio ____________________ com os vizinhos.
6. Einen leckeren Kuchen gemacht Eu ____________________ um bolo delicioso.

Grammatik

Das Verb: Die Zukunft

Nahe Zukunft

Im gesprochenen Brasilianisch wird mit dem Hilfsverb **ir** (gehen) **+ Infinitiv** des Hauptverbs eine Handlung ausgedrückt, die in der nahen Zukunft geschehen wird. Dabei ist nicht nur der rein zeitliche Aspekt von Bedeutung, sondern vielmehr die Betonung darauf, dass die Handlung mit Sicherheit stattfinden wird.

Amanhã nós vamos comer fora. Morgen werden wir essen gehen.
Na próxima semana ele vai trabalhar menos. Nächste Woche wird er (sicherlich) weniger arbeiten.

G7

	ir	Infinitiv
eu (ich)	vou	
você (du)	vai	
ele / ela (er / sie)	vai	cantar (singen)
nós (wir)	vamos	+ aprender (lernen)
vocês (ihr)	vão	abrir (öffnen)
eles / elas (sie) (m., f.)	vão	

Futur

Das Futur wird insbesondere in der schriftlichen Sprache verwendet, um einen in der Zukunft liegenden Vorgang oder Zustand darzustellen.
Nós partiremos no próximo fim-de-semana. Wir werden nächstes Wochenende abreisen.

Das Futur wird gebildet, indem man die Endungen an die volle Form des Infinitivs anhängt. Diese Endungen sind für alle drei Konjugationen ohne Ausnahmen gleich!

G7

	viajar (reisen)	beber (trinken)	assistir (beiwohnen / sehen)
eu (ich)	viajar **-ei**	beber **-ei**	assistir **-ei**
você (du)	viajar **-á**	beber **-á**	assistir **-á**
ele / ela (er / sie)	viajar **-á**	beber **-á**	assistir **-á**
nós (wir)	viajar **-emos**	beber **-emos**	assistir **-emos**
vocês (ihr)	viajar **-ão**	beber **-ão**	assistir **-ão**
eles / elas (sie) (m., f.)	viajar **-ão**	beber **-ão**	assistir **-ão**

G19 Es gibt im Futur nur 3 Verben die unregelmäßig sind: dizer (sagen), fazer (machen) und trazer (bringen). Die Konjugation finden Sie in den Verbtabellen.

In der Umgangssprache wird das Präsens oder die Form der nahen Zukunft dem Futur vorgezogen.

1 Was werden diese Personen am Wochenende machen? Verwenden Sie die nahe Zukunft.

encontrar	assistir	abrir	jantar	viajar	beber

1. Zu Abendessen gehen. — Nós __________ fora.
2. Ein Theaterstück anschauen. — Maria __________ a uma peça de teatro.
3. Die Weihnachtsgeschenke öffnen. — Vocês __________ os presentes de Natal.
4. Mit Freunden etwas trinken gehen. — Eu __________ com amigos.
5. In den Süden reisen. — Fábio e Marcos __________ para o sul.
6. Freunde treffen. — Você __________ amigos.

2 Was passt zusammen? Ergänzen Sie die Sätze. Es sind mehrere Lösungen möglich.

1. Amanhã eu …
2. No próximo fim-de-semana eles …
3. No ano que vem você …
4. Na próxima semana nós …
5. Maria e Julia …
6. Sérgio …

A … vão trabalhar para o Brasil.
B … vamos fazer uma festa.
C … vão cantar na ópera.
D … vou assistir a um jogo de futebol.
E … vai trazer a câmara fotográfica.
F … vai viajar.

3 Verschiedene Menschen möchten eine Liste mit Neujahrsvorsätzen schreiben. Ergänzen Sie die Verben und verwenden Sie dazu das Futur.

beber	dizer	aprender	viajar	assistir	fazer

1. Portugiesisch lernen. — No próximo ano eu __________ português.
2. Ins Ausland reisen. — Renata __________ para o exterior.
3. Weniger fernsehen. — Nós __________ menos à televisão.
4. Die Wahrheit sagen. — Vocês __________ a verdade.
5. Die Hausaufgabe machen. — Eu __________ a tarefa de casa.
6. Weniger Alkohol trinken. — Eles __________ menos álcool.

Das Verb: Konditional

G18

Bildung des Konditionals

Wie das Futur, wird auch der Konditional aus dem Infinitiv des Verbs gebildet. Diese Endungen sind für alle drei Konjugationen ohne Ausnahmen gleich. An den Infinitiv des Verbs werden folgende Endungen gehängt:

G7

	Infinitiv	Endungen
eu (ich)	(mögen) gostar -	ia
você (du)	(lieben) amar -	ia
ele / ela (er / sie)	(schreiben) escrever -	ia
nós (wir)	(verkaufen) vender -	íamos
vocês (ihr)	(weggehen) partir -	iam
eles / elas (sie) (m., f.)	(öffnen) abrir -	iam

G18

Es gibt im Konditional (wie im Futur) nur 3 Verben, die unregelmäßig sind: dizer (sagen), fazer (machen) und trazer (bringen). Sie verlieren beim Infinitiv die Silbe -ze-. An den verkürzten Infinitivstamm werden die regelmäßigen Endungen gehängt.

→ **dizer:**	diria	diria	diria	diríamos	diriam	diriam
→ **fazer:**	faria	faria	faria	faríamos	fariam	fariam
→ **trazer:**	traria	traria	traria	traríamos	trariam	trariam

Der Gebrauch des Konditionals

Der Konditional wird verwendet bei:

- Vorschlägen, Ratschlägen und höflichen Bitten sowie bei Unsicherheiten, Zweifeln und Vermutungen.

Não seria melhor ficarmos aqui?	Wäre es nicht besser hier zu bleiben?
Você se importaria de me fazer um favor?	Könntest du mir einen Gefallen zu tun?
Você deveria parar de fumar.	Du solltest aufhören zu rauchen.
Eu gostaria de beber um café com leite, por favor.	Ich hätte gern einen Milchkaffee, bitte.

G23
G24

- Bedingungssätzen, wenn die Aussage als unwahrscheinlich oder irreal angesehen wird.

Se tivesse mais tempo, aprenderia outras línguas.	Wenn ich mehr Zeit hätte, würde ich andere Sprachen lernen.

- noch nicht realisierten Dingen, die der Sprecher jetzt oder in der Zukunft verwirklichen kann oder möchte.

Este ano poderíamos ir de avião para lá em vez de ir de carro.	Dieses Jahr könnten wir mit dem Flugzeug dorthin fliegen, statt mit dem Auto zu fahren.

1 Schmieden Sie Pläne für einen Traumurlaub. Verwenden Sie hierzu den Konditional.

1. Eu ______________ (gostar) de passar as férias no Brasil.
   Ich würde gern den Urlaub in Brasilien verbringen.
2. Maria ______________ (fazer) uma viagem de cruzeiro.
   Maria würde gern eine Kreuzfahrt machen.
3. Vocês ______________ (passar) alguns dias numa ilha deserta?
   Würdet ihr gern ein paar Tage auf einer unbewohnten Insel verbringen?
4. Nós ______________ (tomar) sol o dia todo e ______________ (nadar) na piscina de um hotel cinco estrelas.
   Wir würden uns den ganzen Tag sonnen und im Schwimmbad eines Fünfsterne-hotels schwimmen.

2 Was würden Sie machen, wenn…

1. … Sie eine Reifenpanne hätten?
   ligar para uma oficina e pedir ajuda / eine Autowerkstatt anrufen und um Hilfe bitten

   Eu ____

2. … unerwartete Gäste kommen würden?
   pedir pizza / Pizza bestellen

   Eu ____

3. … der Strom ausfallen würde?
   usar uma lanterna / die Taschenlampe benutzen

   Eu ____

4. … Sie zufällig einen alten Klassenkameraden treffen würden?
   convidar o ex-colega para um cafezinho em minha casa /
   ihn zum Kaffee zu mir einladen.

   Eu ____

3 Was drückt man mit welchem Satz aus?

1. Gostaria de tomar um cafézinho.	A Vorschlag
2. Você deveria parar de jogar na loteria.	B Irreale Bedingung
3. Se fosse rico compraria este carro.	C Höfliche Bitte
4. Não seria melhor irmos de taxi?	D Ratschlag

Grammatik

Das Verb: Konjunktiv Präsens / Bildung

Allgemeines

Im Gegensatz zum Indikativ wird der Konjunktiv dann gebraucht, wenn der Sprecher bei seiner Aussage etwas Gewünschtes, noch nicht Verwirklichtes oder Zweifelndes zum Ausdruck bringen will. Diese Äußerungen werden durch bestimmte Verben, unpersönliche Ausdrücke und Konjunktionen eingeleitet und bedingen damit automatisch den Gebrauch des Konjunktivs.

Bildung des Konjunktiv Präsens

G13 Bei der Bildung des Konjunktiv Präsens geht man von der 1. Person Singular Indikativ Präsens aus. Das -o der Endung entfällt und wird durch folgende Endungen ersetzt.

G7

	- ar	- er	- ir
eu (ich)	encontr **-e**	escrev **-a**	part **-a**
você (du)	encontr **-e**	escrev **-a**	part **-a**
ele / ela (er / sie)	encontr **-e**	escrev **-a**	part **-a**
nós (wir)	encontr **-emos**	escrev **-amos**	part **-amos**
vocês (ihr)	encontr **-em**	escrev **-am**	part **-am**
eles / elas (sie) (m., f.)	encontr **-em**	escrev **-am**	part **-am**

Einige Verben weichen von dieser Regel ab. Mit Ausnahme des Verbs querer (wollen) sind es Verben, die im Indikativ Präsens in der 1. Person Singular kein -o als Endung haben:

ser (sein) → eu sou
ir (gehen) → eu vou
dar (geben) → eu dou
estar (sein) → eu estou
saber (wissen) → eu sei

Sie bilden den Konjunktiv folgendermaßen:

G7
G25

	ser	estar	ir	dar	querer	saber
eu (ich)	seja	esteja	vá	dê	queira	saiba
você (du)	seja	esteja	vá	dê	queira	saiba
ele / ela (er / sie)	seja	esteja	vá	dê	queira	saiba
nós (wir)	sejamos	estejamos	vamos	demos	queiramos	saibamos
vocês (ihr)	sejam	estejam	vão	dêem	queiram	saibam
eles / elas (sie) (m., f.)	sejam	estejam	vão	dêem	queiram	saibam

→ Há (es gibt) wird im Konjunktiv Präsens zu haja.

Die Formen des Imperativs stimmen mit den Formen des Konjunktiv Präsens überein.

Grammatik

1 Bilden Sie aus dem Indikativ Präsens den Konjunktiv Präsens.

1. (treffen) eu encontro você ____________, nós ____________
2. (sagen) eu digo eles ____________, eu ____________
3. (reisen) eu viajo ele ____________, vocês ____________
4. (haben) eu tenho nós ____________, ela ____________
5. (mögen) eu gosto eu ____________, você ____________
6. (befehlen) eu mando elas ____________, nós ____________
7. (rauchen) eu fumo vocês ____________, eu ____________
8. (schreiben) eu escrevo nós ____________, ele ____________

2 Ergänzen Sie die Tabelle und konjugieren Sie die Verben amar (lieben), entender (verstehen) und partir (abfahren / weggehen).

eu	você	ele	ela	nós	vocês	eles	elas
		ame				amem	
entenda				entendamos			entendam
	parta		parta		partam		

3 Ergänzen Sie die Lücken mit den Formen des Konjunktiv Präsens der folgenden unregelmäßigen Verben.

1. Espero que ele ____________ (ser) sincero. Ich hoffe, dass er ehrlich ist.
2. Talvez nós ____________ (ir) ao Brasil nas férias.
   Vielleicht reisen wir im Urlaub nach Brasilien.
3. É possível que elas ____________ (querer) ajudar.
   Es ist möglich, dass sie helfen wollen.
4. Antes que você ____________ (saber) por outros, eu vou lhe contar.
   Bevor du es von anderen hörst, erzähle ich es dir.
5. Tomara que ____________ (estar) tudo bem. Hoffentlich ist alles in Ordnung.
6. Desejo que ____________ (dar) tudo certo. Ich wünsche mir, dass alles gut wird.
7. Mesmo que ____________ (haver) discordância manterei a minha opinião.
   Auch wenn es Meinungsverschiedenheiten gibt, werde ich an meiner Meinung festhalten.
8. É necessário que nós ____________ (querer) melhorar.
   Es ist notwendig, dass wir uns verbessern wollen.

Grammatik

Das Verb: Konjunktiv Präsens / Gebrauch

Gebrauch

Der Konjunktiv Präsens wird gebraucht:

- nach Ausdrücken einer Willens- oder Gefühlsäußerung: Bitte, Wunsch, Hoffnung, Zweifel, Verbot, Unsicherheit u. a.

Quero que você fique aqui.	Ich will, dass du hier bleibst.
Tomara que você tenha sorte.	Ich hoffe, dass du Glück haben wirst.
Ele deseja que eu seja feliz.	Er wünscht, dass ich glücklich werde.
Espero que você volte logo.	Ich hoffe, dass du bald wieder kommst.
Duvido que eles ganhem este jogo.	Ich bezweifle, dass sie dieses Spiel gewinnen werden.
Proíbo que vocês fumem aqui.	Ich verbiete euch, dass ihr hier raucht.
Talvez chova hoje.	Vielleicht regnet es heute.

- nach unpersönlichen Ausdrücken

É provável que eu chegue mais cedo hoje.	Es ist möglich, dass ich heute früher komme.
É necessário que ele entenda tudo.	Es ist notwendig, dass er alles versteht.
É possível que chova à noite.	Es ist möglich, dass es heute Abend regnet.
É bom que eles venham logo.	Es ist gut, dass sie bald kommen.

- nach bestimmten Konjunktionen

Antes que eu viaje, quero ver você.	Bevor ich abreise, möchte ich dich sehen.
Embora eu goste de futebol, não assistirei aos jogos da copa.	Obwohl ich Fußball mag, werde ich kein Spiel der Weltmeisterschaft anschauen.
Ainda que eu diga a verdade, eles não acreditarão em mim.	Auch wenn ich die Wahrheit sage, werden sie mir nicht glauben.
Quer você goste **quer** não, terá de fazer o que eu mando.	Ob du es magst oder nicht, musst du machen, was ich sage.
Mesmo que eu tenha razão, ele não vai aceitar isto.	Auch wenn ich Recht habe, wird er das nicht akzeptieren.

1 Was drückt man mit welchem Ausdruck aus? Ordnen Sie zu.

1. Duvido que
2. Espero que
3. Quero que
4. Proíbo que
5. Talvez
6. É necessário que

A Verhinderung
B Willen
C Hoffnung
D Unsicherheit
E Unpersönliche Ausdrücke
F Zweifel

2 Ergänzen Sie die folgenden Sätze mit den passenden Konjunktionen.

embora	antes que	quer … quer	mesmo que

1. ______________ você não venha, a festa vai acontecer.
Obwohl du nicht kommst, wird die Party stattfinden.

2. ____________ você venha ____________ não, a festa vai acontecer.
Ob du kommst oder nicht, wird die Party stattfinden.

3. ______________ que a festa comece, temos que empacotar os presentes.
Bevor die Party beginnt, müssen wir die Geschenke einpacken.

4. ______________ que não haja uma festa, temos que comemorar.
Auch wenn es keine Party gibt, müssen wir feiern.

3 Beantworten Sie die Fragen mit dem Konjunktiv Präsens der Verben ter (haben), chover (regnen), ir (gehen) und ganhar (gewinnen). Leiten Sie die Antwort mit dem angegebenen Satzanfang ein. Natürlich auf Brasilianisch! G20

1. Gehst du heute ins Kino? Vielleicht …

____.

2. Habt ihr heute Abend Zeit? Es ist möglich, dass …

____.

3. Wie ist das Wetter heute Nachmittag? Vielleicht …

____.

4. Wie sieht das Fußballspiel von heute aus? Ich bezweifle, dass …

____.

Das Verb: Konjunktiv Imperfekt

Bildung des Konjunktiv Imperfekt

Die Formen des Konjunktiv Imperfekt werden von der 3. Person Plural des einfachen Perfekts abgeleitet. Die Endsilbe -ram aller Konjugationen wird wie folgt ersetzt.

G7
G15

	falar (sprechen)	viver (leben)	abrir (öffnen)
3. Person Plural Einfaches Perfekt	fala**ram**	vive**ram**	abri**ram**
eu (ich)	fala **-sse**	vive **-sse**	abri **-sse**
você (du)	fala **-sse**	vive **-sse**	abri **-sse**
ele / ela (er / sie)	fala **-sse**	vive **-sse**	abri **-sse**
nós (wir)	falá **-ssemos**	vivê **-ssemos**	abrí **-ssemos**
vocês (ihr)	fala **-ssem**	vive **-ssem**	abri **-ssem**
eles / elas (sie) (m., f.)	fala **-ssem**	vive **-ssem**	abri **-ssem**

Die 1. Person Plural bekommt einen Akzent: einen Akut in der 1. und 3. Konjugation und einen Zirkumflex in der 2. Konjugation. Unregelmäßige Verben auf -er bekommen (mit Ausnahme von ser) wiederum einen Akut: fazer → fizéssemos, ter → tivéssemos, etc.

Gebrauch des Konjunktiv Imperfekt

G21

- Ist der Gebrauch des Konjunktivs im Satz notwendig und steht im Hauptsatz der Indikativ Imperfekt oder das einfache Perfekt, so steht im Nebensatz der Konjunktiv Imperfekt.

  O professor exigiu que os alunos estudassem mais. — Der Lehrer verlangte, dass die Schüler mehr lernten.

  Ele pedia sempre que eu falasse sobre o Brasil. — Er bat mich immer wieder, über Brasilien zu sprechen.

G19

- Der Konjunktiv Imperfekt drückt in Verbindung mit dem Konditional (im Hauptsatz) einen irrealen, hypothetischen Sachverhalt aus, den der Sprecher für unrealisierbar hält. Diese irreale Bedingung wird durch se (wenn) eingeleitet.

  Se eu fosse rico, compraria uma mansão. — Wenn ich reich wäre, würde ich eine Villa kaufen.

  Se você tivesse mais tempo, viajaria então mais? — Wenn du mehr Zeit hättest, würdest du dann mehr reisen?

G15

Umgangssprachlich wird der Konditional in den irrealen Bedingungssätzen durch den Indikativ Imperfekt ersetzt.

Se eu ganhasse na loteria, **fazia** uma viagem ao mundo. — Wenn ich die Lotterie gewinnen würde, würde ich eine Weltreise machen.

1 Bilden Sie aus dem einfachen Perfekt den Konjunktiv Imperfekt.

1. (lernen) eles estudaram se você ____________, se nós ____________
2. (sprechen) eles falaram se eles ____________, se eu ____________
3. (gewinnen) eles ganharam se ele ____________, se vocês ____________
4. (haben) eles tiveram se nós ____________, se ela ____________
5. (gehen / sein) eles foram se eu ____________, se você ____________
6. (leben) eles viveram se elas ____________, se nós ____________
7. (öffnen) eles abriram se vocês ____________, se eu ____________
8. (bitten) eles pediram se eu ____________, se eles ____________
9. (machen) eles fizeram se você ____________, se nós ____________

2 Bilden Sie den ersten Teil der folgenden Bedingungssätze.

1. Wenn ich reich wäre, würde ich eine Wohnung kaufen.
   Se eu (ser) ______________ rico, compraria um apartamento.
2. Wenn er ein Haus in Ipanema kaufen würde, würde er den Urlaub dort verbringen.
   Se ele (comprar) ______________ uma casa em Ipanema, passaria as férias lá.
3. Wenn wir in Brasilien leben würden, hätten wir keine Probleme mit der Kälte.
   Se nós (viver) ______________ no Brasil, não teríamos problemas com o frio.
4. Wenn ihr mehr Zeit hättet, würdet ihr mehr verreisen?
   Se vocês (ter) ______________ mais tempo, viajariam mais?

3 Setzen Sie die richtigen Konjunktivformen in die Lücken ein.

1. Ele pediu-me que lhe ____________ (mostrar) Salvador da Bahia.
   Er bat mich, ihm Salvador da Bahia zu zeigen.
2. Se eu ____________ (fazer) uma viagem ao mundo, começaria na América do Sul.
   Wenn ich eine Weltreise unternehmen würde, würde ich mit Südamerika beginnen.
3. Se eles ____________ (ganhar) este jogo, seriam campeões.
   Wenn sie dieses Spiel gewinnen würden, wären sie Meister.
4. Desejava que elas ____________ (ser) felizes. Ich wünschte, dass sie glücklich wären.
5. Se ele ____________ (viajar) mais, não teria tempo para a família.
   Wenn er mehr verreisen würde, hätte er keine Zeit für die Familie.

Das Verb: Konjunktiv Futur

Bildung des Konjunktiv Futur

Die Formen des Konjunktiv Futur werden von der 3. Person Plural des einfachen Perfekts abgeleitet. Die Endsilbe -am entfällt.

G7
G15

	morar (wohnen)	vender (verkaufen)	abrir (öffnen)
3. Person Plural Einfaches Perfekt	morar**am**	vender**am**	abrir**am**
eu (ich)	morar	vender	abrir
você (du)	morar	vender	abrir
ele / ela (er / sie)	morar	vender	abrir
nós (wir)	morar **-mos**	vender **-mos**	abrir **-mos**
vocês (ihr)	morar **-em**	vender **-em**	abrir **-em**
eles / elas (sie) (m., f.)	morar **-em**	vender **-em**	abrir **-em**

Unregelmäßige Verben werden ebenfalls nach diesem Schema gebildet, wie z. B.:
dar (geben) → der, der, der, dermos, derem, derem
fazer (machen) → fizer, fizer, fizer, fizermos, fizerem, fizerem
ir (gehen), ser (sein) → for, for, for, formos, forem, forem

→ Weitere unregelmäßige Verben können in den Verbtabellen nachgeschlagen werden.

Gebrauch des Konjunktiv Futur

Der Konjunktiv Futur kennzeichnet die Möglichkeit oder die Unsicherheit eines Geschehens in der Zukunft.

G18
G22

- Der Konjunktiv Futur drückt in Verbindung mit dem Indikativ Futur einen hypothetischen Sachverhalt aus, den der Sprecher in der Zukunft für realisierbar hält. Diese reale Bedingung wird durch se (wenn) eingeleitet.
  Se eu tiver tempo, irei ao cinema. — Wenn ich Zeit habe, gehe ich ins Kino.

- Der Konjunktiv Futur wird außerdem bei folgenden Konjunktionen gebraucht, sofern sie sich auf eine Handlung in der Zukunft beziehen:
  quando / se (wenn), enquanto (während, solange), logo que / assim que (sobald), depois que (nachdem), sempre que (immer wenn), como / conforme (je nachdem), à medida que (in dem Maße als, während)

- Ferner wird der Konjunktiv Futur in Relativsätzen verwendet, die von einer zukünftigen Handlung abhängen.
  Receberei quem vier. — Ich werde alle, die kommen, empfangen.
  Aquele que chegar primeiro receberá um prêmio. — Der, der zuerst da ist, bekommt eine Belohnung.

Grammatik

1 Bilden Sie aus dem einfachen Perfekt den Konjunktiv Futur.

1. (machen) eles fizeram se você ____________, se nós ____________
2. (wissen) eles souberam se eles ____________, se eu ____________
3. (bringen) eles trouxeram se ele ____________, se vocês ____________
4. (haben) eles tiveram se nós ____________, se ela ____________
5. (gehen) eles foram se eu ____________, se você ____________
6. (sehen) eles viram se elas ____________, se nós ____________
7. (wollen) eles quiseram se vocês ____________, se eu ____________
8. (sein) eles estiveram se nós ____________, se ele ____________
9. (ankommen) eles chegaram se eu ____________, se eles ____________
10. (können) eles puderam se você ____________, se nós ____________

2 Ergänzen Sie die Sätze mit den passenden Formen des Konjunktiv Futur.

1. Quem (poder) ____________ passará o Natal em casa.
   Derjenige, der kann, wird Weihnachten zu Hause verbringen.
2. Telefonarei logo que (chegar) ____________ .
   Ich rufe an, sobald ich angekommen bin.
3. O médico só atenderá os pacientes que (ter) ____________ seguro de saúde.
   Der Arzt wird nur die Patienten behandeln, die eine Krankenversicherung haben.
4. Se nós (ir) ____________ ao show, veremos vocês lá.
   Wenn wir ins Konzert gehen, werden wir euch da sehen.

3 Kreuzen Sie die passende Konjunktion an.

1. ____________ tiver tempo, irei ao cinema. Wenn ich Zeit habe, gehe ich ins Kino.
   ☐ depois que ☐ à medida que ☐ se ☐ como
2. ____________ receber notícias dela, mandarei um SMS para você.
   Sobald ich von ihr höre, schicke ich dir eine SMS.
   ☐ sempre ☐ logo que ☐ como ☐ conforme
3. Farei tudo ____________ você quiser. Ich werde alles so machen, wie du willst.
   ☐ quando ☐ se ☐ como ☐ enquanto

Grammatik

Gegenüberstellung von Konjunktiv Imperfekt und Futur

Der Gebrauch von Konjunktiv Imperfekt und Futur

Für den korrekten Gebrauch des Konjunktiv Imperfekt und Futur sind folgende Abgrenzungen zu berücksichtigen.

G22
G23

Konjunktiv Imperfekt	Konjunktiv Futur
Drückt irreale, hypothetische Sachverhalte aus. Bedingung ist in der Gegenwart oder Zukunft unmöglich oder fraglich, erfüllt zu werden.	Drückt Möglichkeit, Wahrscheinlichkeit oder Unsicherheit in der Zukunft aus. Bedingung ist in der Zukunft realisierbar.
Se eu fosse rico, compraria uma mansão.	Se eu for eleito prefeito, construirei mais escolas nesta cidade.
Wenn ich reich wäre, würde ich eine Villa kaufen.	Wenn ich Bürgermeister bin, werde ich mehr Schulen in dieser Stadt bauen.
Se você quisesse, eu a ajudaria.	Se você quiser, ajudarei você.
Wenn du wolltest, würde ich dir helfen.	Wenn du willst, helfe ich dir.
Se eu fosse você, escolheria outra coisa.	Se passar nesta prova, receberei o meu diploma.
Wenn ich in deiner Stelle wäre, würde ich mir etwas anderes aussuchen.	Wenn ich diese Prüfung bestehe, bekomme ich mein Diplom.
Se chovesse hoje, não estaria aqui.	Se chover amanhã, ficarei em casa.
Wenn es heute regnen würde, wäre ich nicht hier.	Wenn es morgen regnet, bleibe ich zu Hause.

Es ergibt sich daraus folgende Regel:

Irrealer Bedingungssatz:

Hauptsatz → **Konditional** • Nebensatz → **Konjunktiv Imperfekt**

Se nós viajássemos (Konjunktiv Imperfekt) para o sul,
as férias seriam (Konditional) ótimas.

Wenn wir in den Süden reisen würden [was wir aber nicht tun],
wäre der Urlaub super.

Realer Bedingungssatz:

Hauptsatz → **Indikativ Futur** • Nebensatz → **Konjunktiv Futur**

Se nós visitarmos (Konjunktiv Futur) também o sul do país,
conheceremos (Indikativ Futur) muitas praias bonitas.

Wenn wir ebenfalls den Süden besichtigen [was wir machen können],
werden wir viele schöne Strände kennen lernen.

1 Finden Sie die geeignete Satzendung.

1. Se eu pudesse …
   Wenn ich könnte …
2. Quando eu tiver tempo …
   Wenn ich Zeit habe …
3. Se o tempo melhorasse …
   Wenn das Wetter besser wäre …
4. Se for ao supermercado …
   Wenn ich in den Supermarkt gehe …

A … comprarei o que falta.
… werde ich, was uns fehlt kaufen.
B … daria um passeio a pé.
… würde ich einen Spaziergang machen.
C … ficaria mais tempo aqui.
…würde ich hier länger bleiben.
D … visitarei você.
… werde ich dich besuchen.

2 Ergänzen Sie die Lücken mit den Formen des Konjunktiv Imperfekt oder Futur.

ser	ir	ter	passar

1. Wenn er zu unserem Treffen heute geht / ginge, werde / würde ich ihm die Neuigkeiten erzählen.

   Se ele ________________ ao nosso encontro hoje, lhe contarei as novidades.

   Se ele ________________ ao nosso encontro de hoje, lhe contaria as novidades.

2. Sie würden / werden das Studium dieses Jahr beenden, wenn sie diese Prüfung bestünden / bestehen.

   Elas terminariam os estudos neste ano se ________________ nesta prova.

   Elas terminarão os estudos neste ano se ________________ nesta prova.

3. Wenn er Gouverneur wäre / wird, würde / wird er viel für das Volk tun.

   Se ele ________________ governador, faria muito pelo povo.

   Se ele ________________ governador, fará muito pelo povo.

4. Wenn ich noch eine Chance hätte / habe, würde / werde ich mich anders verhalten.

   Se eu ________________ mais uma oportunidade, me comportaria de outro modo.

   Se eu ________________ mais uma oportunidade, me comportarei de outro modo.

3 Ergänzen Sie die Satzteile mit den passenden Verben im Imperfekt oder Konjunktiv Futur und finden Sie die passende Übersetzung für diese Sätze.

1. Se Deus ______________ …
2. Se eu ______________ em seu lugar …
3. Se ______________ possível …
4. Se ______________ necessário …

A Wenn es notwendig ist …
B So Gott will …
C Wenn ich in deiner Stelle wäre …
D Wenn es möglich wäre …

Grammatik

Das Verb: Der Imperativ

Bildung des Imperativs

Der Imperativ hat im Brasilianischen nur zwei Formen – eine für die 2. Person Singular (você) und eine für die 2. Person Plural (vocês).

Die Personalpronomen werden im Imperativ nicht gebraucht.

Faça-me o favor de ligar o ar-condicionado. Tu mir bitte den Gefallen und mach die Klimaanlage an.

Comam mais devagar. Esst langsamer.

Diese Formen werden von der 1. Person Singular Präsens (eu) abgeleitet. Die Endung -o entfällt und dem Stamm werden folgende Endungen angehängt.

G7

	fal**ar** (sprechen)	beb**er** (trinken)	abr**ir** (öffnen)
você	fal **-e**	beb **-a**	abr **-a**
vocês	fal **-em**	beb **-am**	abr **-am**

Das gilt auch für die unregelmäßigen Verben, wie zum Beispiel:

dizer (digo) → diga, digam	**fazer** (faço) → faça, façam
ler (leio) → leia, leiam	**ter** (tenho) → tenha, tenham
ver (vejo) → veja, vejam	**vir** (venho) → venha, venham

Folgende Verben können nicht nach dieser Regel abgeleitet werden:
ser (sein), estar (sein), ir (gehen), dar (geben), querer (wollen), saber (wissen).

	ser	estar	ir	dar	querer	saber
você	seja	esteja	vá	dê	queira	saiba
vocês	sejam	estejam	vão	dêem	queiram	saibam

G20 Diese Formen stimmen mit den Formen des Konjunktiv Präsens überein.

Umgangssprachlich wird in Brasilien gewöhnlich der Imperativ der 2. Person Singular (tu) gebraucht. Diese veraltete Form wird in vielen Regionen Brasiliens im alltäglichen Sprachgebrauch verwendet.

Telefona para mim o mais rápido possível. Ruf mich sobald wie möglich an.

Vem logo! Komm schnell!

G13 Formal entspricht diese Form der 3. Person Singular des Indikativ Präsens.

1 Gesundheitstipps: Was ist gesünder? Ergänzen Sie die Verben im Singular (você) und im Plural (vocês).

1. (beber) ______________ / ______________ água mineral em vez de refrigerante.
   Mineralwasser statt Limonade trinken.
2. (fazer) ______________ / ______________ exercícios em vez de assistir à televisão.
   Sport machen statt fernsehen.
3. (abrir) ______________ / ______________ sempre a janela em vez de trabalhar num ambiente fechado.
   Das Fenster immer aufmachen statt im geschlossenen Zimmer zu arbeiten.
4. (comer) ______________ / ______________ frutas e verduras em vez de doces.
   Obst und Gemüse statt Süßigkeiten essen.

2 Formen Sie die folgenden Sätze in den Imperativ Singular um.

1. Eu falo português.

   ____!
2. Eu bebo vinho.

   ____!
3. Eu telefono para ela.

   ____!
4. Eu leio o jornal.

   ____!

3 Formulieren Sie Sätze mit dem Imperativ in der tu- Form. G13

1. dizer a verdade (die Wahrheit sagen)

   ____!
2. ir embora (weggehen)

   ____!
3. ter paciência (Geduld haben)

   ____!
4. fazer um favor (einen Gefallen erweisen)

   ____!

Das Verb: Der persönliche Infinitiv

Bildung des persönlichen Infinitivs

G7

	Infinitiv	Endung
eu (ich)	falar / beber / partir	-
você (du)	falar / beber / partir	-
ele / ela (er / sie)	falar / beber / partir	-
nós (wir)	falar / beber / partir	**- mos**
vocês (ihr)	falar / beber / partir	**- em**
eles / elas (sie) (m., f.)	falar / beber / partir	**- em**

Gebrauch

Der persönliche Infinitiv ist ein ganz besonderes Phänomen der portugiesischen Grammatik. Es handelt sich um einen Infinitiv, der ein eigenes Subjekt hat, auch wenn es nicht sichtbar ist.

Es **muss** in folgenden Fällen verwendet werden:

- Wenn Haupt- und Nebensatz unterschiedliche Subjekte haben.

André pediu para (nós) **ficarmos**.	André bat darum, dass wir bleiben.
Eu espero aqui até (eles) **partirem**.	Ich warte bis sie abfahren.

- Nach unpersönlichen Ausdrücken wie:

é bom / mau	es ist gut / schlecht
é possível / impossível	es ist möglich / unmöglich
é provável / improvável	es ist wahrscheinlich / unwahrscheinlich
é melhor / pior	es ist besser / schlechter
é sorte / é pena	es ist ein Glück / schade
é preciso	es ist notwendig
é necessário	es ist nötig
É bom **sairmos** mais cedo hoje.	Es ist gut, dass wir heute früher gehen.
É pena **terem** um compromisso hoje.	Es ist schade, dass ihr heute einen Termin habt.
É necessário **mantermos** a calma neste momento.	Es ist im Augenblick notwendig, dass wir die Ruhe bewahren.

- Nach bestimmten Konjunktionen wie:

antes de	Antes de **sairem**, desliguem a televisão.
bevor	Bevor ihr weggeht, macht den Fernseher aus.
depois de	Depois de **falarmos** ao telefone vou tomar um banho.
nachdem	Nachdem wir telefoniert haben, werde ich duschen.
apesar de	Apesar de sermos amigos não confio totalmente nele.
obwohl	Obwohl wir Freunde sind, vertraue ich ihm nicht wirklich.

In den restlichen Fällen ist es möglich zwischen dem persönlichen und dem unpersönlichen Infinitiv zu wählen.

Grammatik

1 Vervollständigen Sie die Ideen mit dem persönlichen Infinitiv wie im Beispiel. G13

O professor está me olhando. É bom eu tomar cuidado.
Der Lehrer schaut mich gerade an. Es ist gut, dass ich aufpasse.

1. O professor está olhando para Maria. É bom ela ______________________ .
2. O professor está nos olhando. É bom nós ______________________ .
3. O professor está olhando para vocês. É ______________________ .
4. O professor está olhando para elas. ______________________ .

2 Was passt zusammen? Ergänzen Sie die Sätze.

Der Arzt sagte, dass wir das Krankenhaus erst morgen verlassen sollen.	1. O médico disse para …	A … não termos mais tempo hoje.
Die Lehrerin bat die Schüler, leiser zu sprechen.	2. A professora pediu para …	B … sairmos do hospital só amanhã
Der Kellner musste lang warten, bis wir bestellt haben.	3. O garçom teve de esperar muito até …	C … telefonar para a polícia agora.
Es ist besser, wenn ihr mit ihm darüber sprecht.	4. É melhor vocês …	D … os alunos falarem mais baixo.
Schade, dass wir heute keine Zeit mehr haben.	5. É pena …	E … fazermos o pedido.
Du solltest jetzt die Polizei anrufen.	6. É necessário você …	F … falarem com ele sobre o assunto.

3 Beantworten Sie die Fragen mit dem persönlichen Infinitiv des unterstrichenen Verbs. G15

1. Cristina e Pedro já foram embora? Ainda não. Vou ficar até eles ____________ .
   Sind Cristina und Pedro schon weggegangen? Noch nicht. Ich bleibe, bis sie gehen.
2. Vocês já receberam notícias dela? Ainda não. Vamos esperar até nós ____________ .
   Habt ihr schon eine Nachricht von ihr gehört? Noch nicht. Wir warten, bis wir etwas hören.
3. Eles já telefonaram para vocês? Ainda não. Vamos esperar até eles ____________ .
   Haben sie schon mit euch telefoniert? Noch nicht. Wir warten, bis sie anrufen.

Grammatik

Das Verb: Indirekte Rede

Bedeutung der indirekten Rede

Die **indirekte Rede** gibt in einem Nebensatz eine sprachliche oder schriftliche Äußerung in berichtender Form wieder. Die indirekte Rede wird immer mit einem Verb des Sagens im Hauptsatz eingeleitet. Um zu betonen, dass man die Worte anderer wiedergibt, verwendet man diese Verben in den folgenden Situationen.

Aussagen	afirmar (behaupten), contar (erzählen), comentar (kommentieren), dizer (sagen), explicar (erläutern)	+ que (dass)

«Eu conheço o caminho.»
„Ich kenne den Weg."

Ela disse que conhecia o caminho.
Sie sagte, dass sie den Weg kenne.

Fragen	perguntar (fragen) +	se (ob), o que (was), quem (wer), quando (wann), onde (wo)

«Você já viu o novo filme de Spielberg?»
„Hast du den neuen Film von Spielberg schon gesehen?"

Ele me perguntou se eu já tinha visto o filme de Spielberg.
Er fragte mich, ob ich den neuen Film von Spielberg schon gesehen habe.

Antworten	responder (antworten)	+ que (dass)
Aufforderungen oder Bitten	pedir (bitten) ordenar / mandar (befehlen)	+ que (dass)

G13 G15 G17 - G20 G22 G23 G25

«Fale mais baixo, por favor!»
„Sprich bitte leiser!"

Ele pediu que eu falasse mais baixo.
Er bat mich, leiser zu sprechen.

Wird die indirekte Rede von einer Verbform im Präsens eingeleitet, so bleiben die Zeiten der direkten Rede unverändert.

«Eu fiz aniversário ontem.»
Ich hatte gestern Geburtstag.

Lisa diz (Präsens) que fez anos ontem.
Lisa sagt, sie habe gestern Geburtstag gehabt.

Bei der Umwandlung verändern sich die Zeiten folgendermaßen:

Direkte Rede →	Indirekte Rede	Direkte Rede →	Indirekte Rede
Indikativ	Indikativ	Konjunktiv	Konjunktiv
Präsens	Imperfekt	Präsens	Imperfekt
Perfekt	Plusquamperfekt	Futur	Imperfekt
Futur	Konditional	Imperativ	Konjunktiv Imperfekt

Bei der Umwandlung der direkten in die indirekte Rede verändern sich neben den Verbzeiten auch Elemente wie Pronomen, Orts- und Zeitadverbien, usw.:
hoje (heute) → naquele dia (an jenem Tag), esta (diese) → aquela (jene),
amanhã (morgen) → no dia seguinte (am nächsten Tag)

1 Was drückt man mit welchem Verb aus?

1. dizer, afirmar, contar, comentar	A Aufforderung / Bitte
2. mandar, ordenar, pedir	B Antwort
3. responder	C Frage
4. perguntar	D Aussage

2 Geben Sie die folgenden Sätze in der indirekten Rede wieder. Achten Sie auf die Zeitform im Hauptsatz und vergessen Sie nicht die Veränderungen. Sie finden in den Verbtabellen die entsprechenden Verbformen.

1. «Eu gosto de aprender esta língua.» „Ich lerne gern diese Sprache".

   Ele diz que ______________________________ .

2. «Quando você nasceu?» „Wann bis du geboren?"

   Ela perguntou ______________________________ .

3. «Vocês viajarão de férias amanhã?» „Werdet ihr morgen in den Urlaub gehen?"

   Marta perguntou ______________________________ .

4. «Isto é para mim?» „Ist das für mich?"

   José perguntou ______________________________ .

3 Sie waren gestern beim Arzt. Was hat er Ihnen empfohlen? Verwandeln Sie die Sätze in die indirekte Rede.

O médico me disse:	Der Arzt sagte mir:
1. «Pare de fumar!»	„Hören Sie auf zu rauchen!"
2. «Faça exercícios.»	„Treiben Sie Sport."
3. «Evite bebida alcoólica.»	„Meiden Sie den Alkohol."
4. «Não coma doces.»	„Essen Sie keine Süßigkeiten."
E depois acrescentou:	Und dann fügte er noch hinzu:
5. «Assim você se sentirá melhor.»	„So werden Sie sich besser fühlen."

O médico me disse que …

1. ______________________________
2. ______________________________
3. ______________________________
4. ______________________________

E depois acrescentou que …

5. ______________________________

Grammatik

Das Verb: Das Passiv

G17

Bildung des Passivs mit dem Hilfsverb ser

Das Passiv des Verbs wird mit dem Hilfsverb ser und dem Partizip Perfekt des Hauptverbs gebildet. Dieses richtet sich nach dem Geschlecht und der Zahl des Subjektes.

G1
G31

Der Urheber des Passivs wird in der Regel von der Präposition por begleitet. Diese verschmilzt bei Bedarf mit dem darauf folgenden bestimmten Artikel:
por + o = pelo / por + a = pela

O livro foi escrito por Jorge Amado.	Das Buch wurde von Jorge Amado geschrieben.
A lição é explicada pelo professor.	Die Lektion wird vom Lehrer erklärt.

G13, G15, G17, G20, G22, G23, G25

Verbzeiten	Pronomina	Verb ser	Partizip
Präsens	eu	sou	informado (informiert)
Perfekt	eu	fui	comunicado (mitgeteilt)
Imperfekt	eu	era	criticado (kritisiert)
Plusquamperfekt	eu	tinha sido	enganado (betrogen)
Futur	eu	serei / vou ser	promovido (befördert)
Konditional	eu	seria	respeitado (respektiert)

Das Passiv des Konjunktivs wird ebenfalls nach diesem Muster gebildet. Die entsprechenden Formen finden Sie in den Verbtabellen.

Bildung des Passivs mit dem Hilfsverb estar und ficar

Das Zustandspassiv wird hingegen mit dem Verb estar und dem Partizip Perfekt ausgedrückt.

As máquinas já estão montadas.	Die Maschinen sind schon eingebaut.

Um eine Veränderung im Zustand zum Ausdruck zu bringen, gebraucht man im Brasilianischen das Verb ficar + Partizip.

O quarto ficou reservado para a próxima semana.	Das Zimmer wurde nun für nächste Woche reserviert.

G8

Bildung des Passivs mit dem Pronomen se

Wenn der Urheber in der 3. Person Singular und Plural unbekannt ist, wird im Brasilianischen eine Reflexivkonstruktion mit se verwendet. Das Verb richtet sich in der Zahl nach dem Substantiv, auf das es sich bezieht.

Alugam-se apartamentos no centro da cidade.	Im Stadtzentrum werden Wohnungen vermietet.
No Brasil fala-se português.	In Brasilien wird Portugiesisch gesprochen

Grammatik

1 Beantworten Sie die Fragen mit dem Passiv und der Präposition por. Die Verbtabelle hilft Ihnen bei den Zeiten.

1. Você assinou o documento? Hast du das Dokument unterschrieben?

   Sim. O documento (assinar) ____________ ____________ por mim.

2. Quem fez o trabalho? Wer hat die Arbeit gemacht?

   O trabalho (fazer) ____________ ____________ ____________ eles.

3. Quem descobriu o Brasil? Wer hat Brasilien entdeckt?

   O Brasil (descobrir) ____________ ____________ ____________ Pedro Álvares Cabral.

2 Alle drei Jahre renoviert Mario seine Wohnung. Schreiben Sie eine Liste mit den Dingen, die dieses Jahr noch gemacht werden müssen. Verwenden Sie dabei das Passiv Futur. G18

1. as paredes / pintar — Die Wände werden gestrichen werden.

   ____

2. o piso / mudar — Der Boden wird gewechselt werden.

   ____

3. novos móveis / comprar — Es werden neue Möbel gekauft werden.

   ____

3 Nun ist Mario mit den Renovierungsarbeiten fertig. Was ist nun das Ergebnis seiner Arbeit? Bilden Sie das Zustandspassiv zu Übung 2.

1. As paredes ____
2. O piso ____
3. Os novos móveis ____

4 Ersetzen Sie das Passiv durch die reflexive Konstruktion.

1. Português é falado no Brasil. ______________________________
2. Quartos são alugados. ______________________________
3. Apartamentos são vendidos. ______________________________
4. A máquina é montada. ______________________________

Das Verb: Übereinstimmung von Verben und Präpositionen I

Verben mit Präpositionen + Substantiv

Im Brasilianischen gibt es viele Verben, die eine oder mehrere Präpositionen verlangen. Es bietet sich an, die Verben gemeinsam mit ihren entsprechenden Präpositionen zu lernen.

acostumar-se **a**	sich gewöhnen an	Eu ainda não me acostumei ao clima daqui.	Ich habe mich noch immer nicht an das Klima hier gewöhnnt.
acreditar **em**	glauben an	Eu acredito em você.	Ich glaube an dich.
alegrar-se **com**	sich freuen über	Eu me alegrei com a sua visita.	Ich habe mich über deinen Besuch gefreut.
agradar **a**	gefallen	Sua atitude agradou a todos.	Deine Haltung gefiel allen.
agradecer **a, por**	jdm. für etw. danken	Agradeço à minha família pelo apoio.	Ich danke meiner Familie für die Unterstützung.
casar-se **com**	jdn. heiraten	Ele se casou com a prima.	Er hat seine Cousine geheiratet.
concordar **com**	einverstanden sein mit	Eu concordo com a sua proposta.	Ich bin mit deinem Vorschlag einverstanden.
contar **com**	rechnen mit	Contamos com a sua ajuda .	Wir rechnen mit deiner Hilfe.
cuidar **de**	sich um jdn. kümmern	A avó cuida bem dos netos.	Die Großmutter kümmert sich gut um die Enkelkinder.
depender **de**	abhängen von	Não quero depender de você.	Ich will nicht von dir abhängig sein.
desistir **de**	aufgeben	Não desista dos seus sonhos.	Gib deine Träume nicht auf.
discordar **de**	mit jdm. nicht einverstanden sein	Discordo totalmente da sua opinião.	Ich bin überhaupt nicht deiner Meinung.
falar **de, com, sobre**	sprechen von, mit, über	Falei com ela sobre esse assunto.	Ich sprach mit ihr über dieses Thema.
gostar **de**	etw. mögen	Eu não gosto do frio.	Ich mag die Kälte nicht.
interessar-se **por**	sich für etw. interessieren	Ele se interessa muito pela literatura brasileira.	Er interessiert sich sehr für die brasilianische Literatur.
pensar **em**	denken an	Eu só penso em você.	Ich denke nur an dich.
sonhar **com**	träumen von	Sonhei com a minha viagem ao Brasil.	Ich träumte von meiner Reise nach Brasilien.
telefonar **para**	telefonieren mit / anrufen	Eu telefonei para a firma mas ninguém atendeu.	Ich rief die Firma an, aber niemand hat abgenommen.

1 Ordnen Sie die Präpositionen den Verben zu.

1. sonhar	A de
2. depender	B com
3. interessar-se	C em
4. pensar	D a
5. agradar	E por

2 Ergänzen Sie die Lücken mit der passenden Präposition. G1
Achtung: Einige Präpositionen verschmelzen mit dem Artikel.

1. Nós gostamos _____ vida daqui. Wir mögen das Leben hier.
2. Eu agradeço _____ você _____ grande ajuda. Ich danke dir für deine große Hilfe.
3. Quando você vai telefonar _____ mim? Wann wirst du mich anrufen?
4. Você acredita _____ Deus? Glaubst du an Gott?
5. _____ quem ela se casou? Wen hat sie geheiratet?
6. Vocês concordam _____ a minha idéia? Seid ihr mit meiner Meinung einverstanden?

3 Ergänzen Sie den Text mit den passenden Verben. Die Verbtabellen helfen dabei.

Claudia é alemã e mora no Brasil há alguns meses. Ela (1) ____________ da vida de lá mas ainda não se (2) ____________ à mentalidade dos brasileiros. Por exemplo: Sempre que ela (3) ____________ de alguém, nota que a pessoa fica ofendida. Quando alguém diz que vai (4) ____________ para ela, nem sempre o faz. Ela não pode (5) ____________ com as promessas dos seus colegas. Mas isto não é um grande problema pois ela é flexível. Ela se (6) ____________ pelas diferenças culturais, (7) ____________ com as pessoas abertamente sobre suas dúvidas e nunca (8) ____________ dos seus objetivos. Um dia ela chega lá!

Claudia ist Deutsche und wohnt seit einigen Monaten in Brasilien. Sie mag das Leben dort, aber sie hat sich noch nicht an die Mentalität der Brasilianer gewöhnt. Zum Beispiel: Immer, wenn sie mit jemandem nicht einverstanden ist, merkt sie, dass die Person etwas beleidigt ist. Wenn jemand sagt, dass er sie anrufen wird, passiert das nicht immer. Sie kann sich nicht auf die Versprechungen der Kollegen verlassen. Aber das ist kein großes Problem, weil sie flexibel ist. Sie interessiert sich für die kulturellen Unterschiede, spricht mit den Leuten offen über ihre Unsicherheiten und gibt ihre Ziele nie auf. Eines Tages wird sie es schaffen!

Das Verb: Übereinstimmung von Verben und Präpositionen II

G29

Verben mit Präpositionen + Infinitiv

Den aufgelisteten Verben folgt, in Verbindung mit der entsprechenden Präposition, immer der Infinitiv.

acabar **de**	etw. zu Ende machen	Eu finalmente acabei de escrever esta lista.	Ich habe endlich diese Liste zu Ende geschrieben.
ajudar **a**	jmd. helfen etw. zu tun	Ele me ajudou a carregar as malas.	Er hat mir geholfen, die Koffer zu tragen.
aprender **a**	lernen etw. zu tun	Eu aprendi a nadar quando tinha 5 anos.	Ich habe mit 5 Jahren schwimmen gelernt.
começar **a**	anfangen etw. zu tun	Quando você começou a aprender português?	Wann hast du angefangen Portugiesisch zu lernen?
continuar **a**	weitermachen	Nós continuamos a estudar português no próximo semestre.	Wir machen nächstes Semester mit Portugiesisch weiter.
deixar **de**	aufhören zu	Por que você deixou de comer carne?	Warum hast du aufgehört Fleisch zu essen?
ensinar **a**	jdm. beibringen etw. zu tun	Ele nos ensinou a ser pacientes.	Er hat uns beigebracht geduldig zu sein.
esquecer-se **de**	vergessen etw. zu tun	Eu me esqueci de trancar a porta.	Ich habe vergessen die Tür abzuschließen.
insistir **em**	auf etw. bestehen	Ele insistiu em pagar a conta.	Er hat darauf bestanden, die Rechnung zu bezahlen.
lembrar-se **de**	daran denken etw. zu tun	Eu me lembro sempre de comer muita fruta.	Ich denke immer daran, viel Obst zu essen.
parar **de**	aufhören zu	Você deve parar de fumar.	Du solltest aufhören zu rauchen.
pedir **para**	um etwas bitten	Eles nos pediu para falar mais baixo.	Er bat uns, leiser zu sprechen.
recusar-se **a**	sich weigern zu	Ele se recusou a responder às nossas perguntas.	Er hat sich geweigert, unsere Fragen zu beantworten.
sonhar **em**	von etwas träumen	Nós sonhamos em fazer uma viagem ao mundo.	Wir träumen davon, eine Weltreise zu unternehmen.

1 Ordnen Sie die Präpositionen den Verben zu.

1 começar
2. sonhar
3. lembrar-se
4. continuar
5. insistir
6. pedir

A de
B para
C em
D a

2 Ergänzen Sie die Lücken mit der passenden Präposition.
Achtung: Einige Präpositionen verschmelzen mit dem Artikel.

G1

1. Nós nos recusamos ____ ficar aqui. Wir weigern uns hier zu bleiben.
2. Por que você não pára ____ ser tão pessimista?
   Warum hörst du nicht auf so pessimistisch zu sein?
3. Não se esqueça _____ levar as chaves. Vergiss nicht die Schlüssel mitzunehmen.
4. Onde você aprendeu ____ cantar tão bem? Wo hast du so gut singen gelernt?
5. Você pode me ajudar _____ fazer este exercício?
   Kannst du mir helfen, diese Übung zu machen?
6. Meus pais me ensinaram _____ respeitar os mais velhos.
   Meine Eltern haben mir beigebracht, die älteren Menschen zu respektieren.

3 Vorbereitung für den Urlaub. Ergänzen Sie den Text mit de, em und a.

Antes de sair de férias não posso me esquecer (1) ______________ fazer as seguintes coisas:

- parar (2) ______________ pensar no trabalho.
- pedir ao vizinho (3) ______________ molhar as plantas.
- acabar (4) ______________ escrever a carta à Mariana.
- ajudar o Paulo (5) ______________ arrumar as malas.
- aprender (6) ______________ relaxar.

Só assim poderei curtir as minhas merecidas férias!

Bevor ich in den Urlaub gehe, darf ich die folgenden Dinge nicht vergessen:

- aufhören, an die Arbeit zu denken.
- den Nachbarn darum bitten, die Pflanzen zu gießen.
- den Brief an Mariana zu Ende zu schreiben.
- Paulo beim Packen zu helfen.
- lernen, zu entspannen.

Nur so kann ich meinen verdienten Urlaub genießen!

Präpositionen

G1 G28 Die wichtigsten Präpositionen sind: **a**, **em**, **para**, **de** und **por**. Mit Ausnahme von **para** verschmelzen sie bei Bedarf mit dem nachfolgenden Artikel.

G29

Verwendung	Brasilianisch	Deutsch
Richtungs- bzw. Bewegungsangaben	Vou **à** Itália / **ao** Japão.	Ich fahre **nach** Italien / Japan. (kurzer Aufenthalt)
	Vou **para** a Itália.	Ich fahre **nach** Italien.
	Vou agora **para** casa.	Ich gehe jetzt **nach** Hause.
Ortsangaben	Ela está **ao** meu lado.	Sie ist **an** meiner Seite.
	Ele mora **em** Brasília.	Er wohnt **in** Brasília.
Entfernungen	Isso fica **a** dois km daqui.	Das liegt zwei km von hier.
Durchquerungen	Viajei **pelo** país.	Ich reiste **durch** das Land.
Herkunft	Ele é **de** Belo Horizonte.	Er ist **aus** Belo Horizonte.
Zeitangaben	**à** / **de** noite	abends / nachts
	às seis horas da tarde	**um** 6 Uhr nachmittags
	aos / **nos** domingos	sonntags
	Viajou **no** dia 12 de maio.	Er verreiste **am** 12. Mai.
Zeitperioden	**Pela** manhã ele não come.	**Am** Vormittag ißt er nichts.
Bildung Daktivobjekt	Eu escrevi **ao** diretor.	Ich schrieb dem Leiter.
Bildung Genitiv	É o carro **do** chefe.	Es ist das Auto **des** Chefs.
Komposita	Um sorvete **de** morango.	Ein Erdbeereis.
Mengenangaben	Meio quilo **de** carne moída.	Ein halbes Kilo Hackfleisch.
Materialien	A casa é **de** madeira.	Das Haus ist **aus** Holz.
Kommunikationsmittel	Falo com ela **por** telefone.	Ich rede mit ihr **per** Telefon.
Motive	Faço tudo **por** amor.	Ich mache alles **aus** Liebe.
Zweck bzw. Absicht	Eu como **para** ganhar peso.	Ich esse um zu**zu**nehmen.
Bestimmungsangaben	Isso é **para** você.	Das ist **für** dich.
Verhältnisangaben	Viajo duas vezes **por** ano.	Ich reise zwei mal **pro** Jahr.
Preisangaben	Compro isso **por** 7 euros.	Ich kaufe das **für** 7 Euro.
Tauschwert	Troco carro **por** casa!	Tausche Auto gegen Haus!
G28 Angabe des Urhebers beim Passiv	O bolo foi feito **por** ela.	Der Kuchen wurde **von** ihr gebacken.

Weitere wichtige Präpositionen: após (nach, hinter), entre (zwischen, unter), com (mit, bei), contra (gegen, an), sobre (auf, über), desde (seit, von … an).
Die Präposition a wird umgangssprachlich oft durch die Präposition em ersetzt:
Eles vão **no** restaurante. — Sie gehen ins Restaurant.

Grammatik

1 Ergänzen Sie mit der passenden Präposition.

1. A minha prima é _______ Espanha. Meine Cousine ist aus Spanien.
2. Correspondemos muito _______ e-mail. Wir korrespondieren viel per E-Mail.
3. A Carolina mora _______ vinte km de Barcelona. Carolina wohnt zwanzig km von Barcelona entfernt.
4. _______ sábado me vou encontrar com ela. Am Samstag treffe ich mich mit ihr.
5. Ela vai chegar _______ avião. Sie wird mit dem Flugzeug kommen.
6. Viajou _______ Europa inteira. Sie reiste durch ganz Europa.
7. O presente é _______ ela. Das Geschenk ist für sie.
8. Os biscoitos são feitos _______ polvilho. Die Kekse sind aus Maniokmehl.
9. Minha aula termina _______ seis da tarde. Mein Unterricht endet um 18 Uhr.
10. Ela vem _______ Berlim duas vezes _______ ano. Sie kommt zweimal pro Jahr nach Berlin.

2 Ordnen Sie jedem Substantiv eine Präposition zu.

1. médico (beim Arzt)	A entre
2. ilha (auf der Insel)	B com
3. sábados (samstags)	C sobre
4. prazer (mit Vergnügen)	D contra
5. mês (pro Monat)	E por
6. senhora (von der Dame)	F da
7. ferro (aus Eisen)	G na
8. dois mares (zwischen zwei Meere)	H no
9. o meu inimigo (gegen meinen Feind)	I de
10. a mesa (auf dem Tisch)	J aos

3 Ergänzen Sie den Lückentext.

Andei ____(1) cidade procurando a gata ____(2) vizinho que fugiu. Quando ela me viu, subiu ____ (3) uma árvore ____(4) outro lado ____(5) rua e não quis descer mais. Chamei os bombeiros ____ (6) telefone. Quando a gata ouviu a sirene, ela desceu ____ (7) árvore ____ (8) um grande salto e sumiu ____(9) loja ____ (10) peixes.

Ich lief durch die ganze Stadt auf der Suche nach der Katze des Nachbarns, die weggelaufen war. Als sie mich sah, kletterte sie auf einen Baum auf der anderen Seite der Straße und wollte nicht mehr herunterkommen. Ich rief die Feuerwehr per Telefon an. Als die Katze die Sirene hörte, sprang sie mit einem großen Satz vom Baum herunter und verschwand in einem Fischgeschäft.

Grammatik

Sich begrüßen / Nach dem Befinden fragen / Sich verabschieden

15

▶ Bom dia, Seu Antônio! Como é que vai?	Guten Tag, Seu Antônio! Wie geht es Ihnen?
▷ Bem, obrigado. E a senhora, Dona Maria?	Gut, danke. Und Ihnen, Dona Maria?
▶ Graças a Deus estou muito bem.	Gott sei Dank geht es mir sehr gut.
▷ Tenha um bom dia então, Dona Maria!	Einen schönen Tag noch, Dona Maria.
▶ Igualmente, Seu Antônio.	Gleichfalls, Seu Antônio.

Als höfliche Anrede für eine Frau verwendet man Dona und Senhora. Nach Dona folgt der Vorname. Senhora wird ohne Vorname benutzt. Als höfliche Anrede für einen Mann verwendet man in Brasilien meist die Anrede Senhor bzw. Seu + Vorname. Weniger häufig wird die Form Senhor + Nachname benutzt.

Sich begrüßen

Bom dia	Guten Morgen (bis 12.00 Uhr)
Boa tarde	Guten Tag (von 12.00 bis 18.00 Uhr)
Boa noite	Guten Abend / gute Nacht (nach 18.00 Uhr)

Informeller bzw. unter guten Bekannten grüßt man sich mit:

Oi!	Hi!
Olá!	Hallo! (meist schriftlich)
Alô!	Hallo! (am Telefon)

Nach dem Befinden fragen

Como vai o senhor / Como é que vai a senhora?	Wie geht es Ihnen (m., f.)?
E a senhora?	Und Ihnen (f.)?
Como vai / Como é que vai?	Wie geht es dir?
E você?	Und dir?
Tudo bem com vocês?	Wie geht es euch / Ihnen?
Tudo bem?	Alles OK?
Beleza?	Alles klar? (wörtl. Schönheit? Jugendsprache)

Beantwortet werden diese Fragen mit:

Excelente / (muito) bem, obrigado, -a.	Ausgezeichnet / (sehr) gut, danke.
Em ordem / mais ou menos / mal.	Normal / geht so / schlecht.
Tudo bem!	Alles OK!
Beleza!	Alles klar! (wörtl. Schönheit! Jugendsprache)

Sich verabschieden

Adeus! / Tchau!	Auf Wiedersehen! / Tschüss!
Até logo! / Até daqui a pouco!	Bis bald!
Até mais tarde!	Bis später!
Até amanhã!	Bis morgen!
Tudo de bom (pra você)!	Alles Gute (für dich)!
Boa sorte!	Viel Glück!

1 Was sagen Sie zum Abschied und was zur Begrüßung? Ordnen Sie die Ausdrücke den entsprechenden Spalten zu.

Boa tarde! Tchau! Tudo de bom pra vocês! Bom dia! Boa sorte! Até logo! Olá! Oi!

1. Begrüßung	2. Abschied

2 Vervollständigen Sie die beiden Dialoge. In manchen Fällen sind mehrere Begrüßungsformeln möglich.

informell	formell
1. Oi, Maria.	1. Boa ____________, Dona Maria!
2. ____________, Antônio.	2. ________________, senhor Antônio!
3. ____________? ____________?	3. ____________ a senhora?
4. Bem, ____________. E ____________?	4. Bem, ____________? E ____________?
5. ____________!	5. ____________!

3 Wen würden Sie mit Beleza?, Como vai? oder Tudo bem? ansprechen? Setzen Sie eine geeignete Begrüßungsformel ein.

1. Maria (61 Jahre alt) ____
2. Mônica (Schulkameradin) ____
3. Ihren Chef ____
4. Eine Gruppe gleichaltriger Bekannter ____
5. Eine Gruppe gleichaltriger Unbekannter ____
6. Den Vater Ihres Freundes ____
7. Eine charmante Frau bzw. einen charmanten Mann am Strand

____

4 Wie geht es Ihnen? – Como vai o senhor / Como vai a senhora? Was antworten Sie auf diese Frage bei folgenden Gemütslagen? Es sind mehrere Antworten möglich.

1. : ____
2. : ____
3. : ____

Sich / jemanden vorstellen

16

► Bom dia! Posso me apresentar?	Guten Tag! Darf ich mich vorstellen?
Meu nome é José de Andrade.	Mein Name ist José de Andrade.
Como a senhora se chama?	Wie heißen Sie?
▷ Eu me chamo Maria da Silva.	Ich heiße Maria da Silva.
► Muito prazer, Maria.	Sehr angenehm, Maria.
▷ Igualmente, Senhor José.	Gleichfalls, Senhor José.

Sich vorstellen

Wenn Sie sich vorstellen wollen, können Sie dies so einleiten:

Posso me apresentar?	Darf ich mich vorstellen?

Danach nennen Sie normalerweise Ihren eigenen Namen:

Meu nome é …	Mein Name ist …
Eu sou …	Ich bin …

und fragen nach dem Namen Ihres Gesprächspartners:

Como o senhor / você se chama?	Wie heißen Sie (m.) / heißt du?
Qual é o seu nome?	Wie ist Ihr / dein Name?

Jemanden vorstellen

Bei der Vorstellung einer dritten Person sagen Sie:

Posso lhe apresentar …?	Darf ich Ihnen / dir … vorstellen?
Gostaria de lhe apresentar …	Ich möchte Ihnen / dir gern … vorstellen.

Umgangsform:

Posso apresentar?	Darf ich vorstellen?
Este / esta é o / a …	Das ist (m., f.) …

Auf eine Vorstellung reagieren Sie mit:

Muito prazer.	Sehr angenehm.
Igualmente.	Gleichfalls.

Für sehr formelle und geschäftliche Angelegenheiten verwendet man in Brasilien meist die Anrede Senhor + Vorname (Senhor Paulo / Herr Paulo). Weniger häufig wird die Form Senhor + Nachname (Senhor Andrade / Herr Andrade) benutzt.

Für ältere Herren ist die am häufigsten gebrauchte Anredeform Seu + Vorname (Seu Paulo / Herr Paulo).

Posso lhe apresentar? Este é o Seu José.	Darf ich Ihnen / dir vorstellen? Das ist Herr (José) Silva

Kommunikation

1 Nummerieren Sie die Sätze des Dialogs in der richtigen Reihenfolge.

- [1] Bom dia.
- [ ] Muito prazer.
- [ ] Eu me chamo Maria José de Andrade.
- [ ] Igualmente.
- [ ] Meu nome é Luciano dos Santos.
- [ ] Posso me apresentar?
- [ ] Como a senhora se chama?

2 Ein Herr will sich mit Ihnen bekannt machen. Was antworten Sie?

Herr:	Sie:
Bom dia.	1. ______________________.
Eu sou Orlando Silva. Como você se chama?	2. Meu ______________________.
Muito prazer.	3. ______________________.

3 Jetzt wollen Sie sich jemandem vorstellen. Ergänzen Sie.

Sie:	Frau:
1. ____________ dia!	Bom dia!
2. Eu ______________________.	
Como ______________________?	Sou Carla Pimenta.
3. ______________________.	Igualmente.

4 Stellen Sie die folgenden Personen auf Brasilianisch vor.

1. Ihre beste Freundin / Ihren besten Freund: ______________________
2. Ihren Nachbarn: ______________________
3. Ihre Lieblingssängerin: ______________________

5 Ordnen Sie zu.

1. Wie ist dein Name?
2. Mein Name ist …
3. Sehr angenehm.
4. Gleichfalls.
5. Darf ich mich vorstellen?

A Muito prazer.
B Posso me apresentar?
C Qual é o seu nome?
D Igualmente.
E Meu nome é …

Kommunikation

Alter / Beruf / Adresse angeben

17

▶ Quantos anos o senhor tem?	Wie alt sind Sie?
▷ Tenho trinta anos.	Ich bin dreißig Jahre alt.
▶ Qual é a sua profissão?	Was machen Sie beruflich?
▷ Sou engenheiro. Trabalho numa multinacional.	Ich bin Ingenieur. Ich arbeite in einem internationalen Konzern.
▶ Qual é o seu endereço?	Wie lautet Ihre Adresse?
▷ Rua da Bahia 40 (quarenta), Belo Horizonte.	Bahia Straße 40, Belo Horizonte.
▶ O senhor tem hobbies?	Haben Sie Hobbys?
▷ Sim! Samba, futebol e carnaval!	Ja! Samba, Fußball und Karneval!

Alter angeben

W6

Quantos anos a senhora / você tem?	Wie alt sind Sie (f.) / bist du?
Eu tenho vinte e quatro anos.	Ich bin 24 Jahre alt.
Eu ainda não completei trinta (anos).	Ich bin noch nicht 30.
Eu acabo de completar dezoito (anos).	Ich bin gerade 18 geworden.
Eu vou fazer cinqüenta anos.	Ich werde fünfzig Jahre alt.

Angaben zum Beruf

W2

Qual é a sua ocupação?	Was machen Sie / machst du beruflich?
Qual é a sua profissão?	Welchen Beruf haben Sie / hast du?
Eu sou ator / atriz.	Ich bin Schauspieler, -in.
Trabalho como professor, -a.	Ich arbeite als Lehrer, -in.
Eu vou à escola.	Ich gehe zur Schule.
Sou um / uma estudante universitário, -a.	Ich bin ein / eine Student, -in.
Onde o senhor / você trabalha?	Wo arbeiten Sie (m.) / arbeitest du?
Trabalho numa firma / escola / num instituto de pesquisa.	Ich arbeite in einer Firma / Schule / in einem Forschungsinstitut.

Umgangsform:

O que é que a senhora / você faz?	Was machen Sie (f.) / machst du beruflich?

Angaben zur Adresse

W1

Qual é o seu endereço?	Wie lautet Ihre / deine Adresse?
Meu endereço é Rua da Bahia 6 (seis), Belo Horizonte.	Meine Adresse ist Bahia Straße 6, Belo Horizonte.
Moro na Avenida do Contorno 12 (doze), Belo Horizonte.	Ich wohne in der Contorno Straße 12, Belo Horizonte.
Qual é o seu e-mail?	Wie ist Ihre / deine E-Mail-Adresse?
Meu e-mail é jose(arroba)email.com.br	Mein E-mail ist jose@email.com.br
Qual é o seu número de telefone?	Wie ist Ihre / deine Telefonnummer?
Meu número de telefone é …	Meine Telefonnummer ist …

1 Eine Person wird nach ihrem Alter, Beruf und ihrer Adresse befragt. Ordnen Sie den Fragen die Antworten zu.

1. Qual é a sua ocupação? → C	A Eu tenho quarenta anos.
2. Quantos anos você tem?	B Eu trabalho na universidade.
3. Qual é o seu endereço?	C Eu sou biólogo.
4. Onde você trabalha?	D Rua Santos Dumont, 19 (dezenove).
5. Onde você mora?	E Moro no Rio de Janeiro.

Können Sie diese Fragen für sich selbst beantworten? Versuchen Sie es!
In W2 und W6 finden Sie Wörter, die Ihnen helfen.

____

____

2 Wie drücken Sie folgende Altersangaben aus? Kreuzen Sie an.

1. Ich bin zwanzig Jahre alt.
   A ☐ Eu tenho vinte anos.
   B ☐ Eu vou completar vinte anos.
   C ☐ Eu ainda não tenho trinta.

2. Ich bin gerade vierzig geworden.
   A ☐ Acabo de completar quarenta anos.
   B ☐ Acabo de completar dezoito.
   C ☐ Eu acabo de completar trinta anos.

3. Ich werde dreiunddreißig.
   A ☐ Tenho trinta e três anos.
   B ☐ Eu vou fazer cinqüenta anos.
   C ☐ Eu vou fazer trinta e três anos.

3 Übersetzen Sie diese Fragen ins Brasilianische.

1. Was sind Sie (m.) von Beruf? ______________________________
2. Wie alt sind Sie (f.)? ______________________________
3. Wie ist Ihre Adresse? ______________________________
4. Wo arbeiten Sie (m.)? ______________________________
5. Wie ist Ihre Telefonnummer? ______________________________

Nationalität / Herkunft / Wohnort angeben

18

▶ Você é alemã?	Bist du Deutsche?
▷ Sim, sou alemã. E você?	Ja, ich bin Deutsche. Und du?
▶ Sou brasileiro. Meu nome é Ricardo.	Ich bin Brasilianer. Mein Name ist Ricardo.
▷ Muito prazer, meu nome é Anna.	Angenehm, ich heiße Anna.
▶ Bem Anna, você me desculpe, mas tenho que ir embora.	Anna, entschuldige mich, aber ich muss gehen.
▷ Onde você mora?	Wo wohnst du?
▶ Moro perto do jardim zoológico.	Ich wohne in der Nähe des zoologischen Gartens.
▷ Ahhh … Que lindo, adoro animais exóticos.	Ahhh … Wie schön, ich liebe exotische Tiere.

W3

Nationalität / Herkunft angeben

Qual é a sua nacionalidade?	Welche Nationalität haben Sie/ hast du?
O senhor / você é alemão?	Sind Sie (m.) / Bist du Deutscher?
A senhora / você é alemã?	Sind Sie (f.) / Bist du Deutsche?
Sou brasileiro, -a.	Ich bin Brasilianer, -in.
Sou inglês, -esa.	Ich bin Engländer, -in.
Sou francês, -esa.	Ich bin Franzose / Französin.
Eu sou …	Ich komme aus …
… mineiro, -a / paulista.	… Minas Gerais / São Paulo.
… carioca / gaúcho, -a.	… Rio de Janeiro (Stadt) / Rio Grande do Sul.
… baiano, -a / pernambucano, -a.	… Bahia / Pernambuco.
De onde o senhor / você é?	Woher kommen Sie (m.) / kommst du?

K3

Angaben über den Wohnort machen

Onde a senhora / você mora?	Wo wohnen Sie (f.) / wohnst du?
G13 Onde o senhor / você está morando?	Wo wohnen Sie (m.) / wohnst du? (bei einem kurzen Aufenthalt z. B. in einem Hotel)

Beantwortet werden diese Fragen mit:

Nós moramos no Brasil / na Alemanha.	Wir wohnen in Brasilien / Deutschland.
Eu moro em Brasília / Colônia / Berlim.	Ich wohne in Brasília / Köln / Berlin.
G13 Elas estão morando no hotel "Luxo II".	Sie wohnen im Hotel „Luxus II".
Eu moro na capital / no interior de (Goiás) / na periferia de (Manaus) / na roça.	Ich wohne in der Hauptstadt / in einer Stadt in (Goiás) / in einem Vorort von (Manaus) / auf dem Land.
Eu moro com amigos / os meus pais.	Ich wohne bei Freunden / meinen Eltern.

In Brasilien bezeichnet man als interior diejenigen Städte, die nicht die Hauptstadt des jeweiligen Bundeslandes sind. Darüber hinaus existiert der Gegensatz litoral (Küste) versus interior (Landesinnere).

1 Wie fragen Sie nach …? Ordnen Sie zu.

1. … dem Wohnort
2. … der Nationalität
3. … der Herkunft
4. … einer bestimmten Nationalität

A De onde a senhora é?
B Qual é a sua nacionalidade?
C Onde você mora?
D Você é francês?

2 Woher kommen diese Personen? Schreiben Sie über die jeweilige Person nach dem vorgegebenen Muster. Achten Sie auch auf die männlichen und weiblichen Endungen bei den Nationalitäten- bzw. Regionenbezeichnungen! W3

Ana Paula é do Brasil. Ela é brasileira.	Ana Paula da Silva, Brasil
1. Pierre é da ______. Ele é ______.	Pierre Rousseau, França
2. Elizabeth é da ______. Ela ______.	Elizabeth Smith, Inglaterra
3. Rodrigo é do ______. Ele ______.	Rodrigo Carvalho, Rio de Janeiro (Stadt)

3 Bilden Sie aus diesen Wörtern die vorgegebenen Sätze nach.

moro	Eu	São Paulo	sou	em
alemão	amigos	com	na	roça

1. Ich wohne in São Paulo. ______
2. Ich wohne auf dem Land. ______
3. Ich bin Deutscher. ______
4. Ich wohne bei Freunden. ______

4 Wie drücken Sie folgende Angabe aus? Kreuzen Sie an.

Wo wohnst du?

A ☐ De onde você é?
B ☐ Onde você mora?
C ☐ Onde a senhora mora?
D ☐ Qual é a sua nacionalidade?
E ☐ Onde você está morando?

Kommunikation

Über die Familie sprechen

19
- ▶ Você tem família? — Hast du eine Familie?
- ▷ Sim, tenho pai, mãe, uma irmã e um papagaio. — Ja, ich habe einen Vater, eine Mutter, eine Schwester und einen Papagei.
- ▶ Eu tenho só um irmão. Ele se chama Fernando e é solteiro. Sua irmã também? — Ich habe nur einen Bruder. Er heißt Fernando und ist ledig. Deine Schwester auch?
- ▷ Não, ela é casada e tem dois filhos. — Nein, sie ist verheiratet und hat zwei Kinder.

W4

Familienverhältnisse erfragen

O senhor / Você tem …	Haben Sie (m.) / Hast du …
… família / um marido / uma esposa?	… Familie / einen Mann / eine Frau?
A senhora tem irmãos / filhos?	Haben Sie (f.) Geschwister / Kinder?
Você tem um filho / uma filha?	Hast du einen Sohn / eine Tochter?
Você ainda tem avô / avó?	Hast du noch einen Großvater / eine Großmutter?
Você tem um tio / uma tia …?	Hast du einen Onkel / eineTante?
… um primo / uma prima?	… einen Cousin / eine Cousine?
… um sobrinho / uma sobrinha?	… einen Neffe / eine Nichte?
Quantos filhos / irmãos você tem?	Wie viele Kinder (auch Söhne) / Geschwister (auch Brüder) hast du?
Quantas irmãs você tem?	Wie viele Schwestern hast du?
A senhora / você é …	Sind Sie (f.) / Bist du …
… casado, -a / solteiro, -a?	… verheiratet / ledig?
… divorciado, -a / viúvo, -a?	… geschieden / verwitwet?
O senhor / você está separado?	Leben Sie (m.) / Lebst du getrennt?

Ser oficialmente casado bzw. casado no civil heißt standesamtlich verheiratet zu sein. Ser casado no religioso heißt kirchlich verheiratet zu sein.

Familienverhältnisse beschreiben

Eu tenho duas irmãs / filhas.	Ich habe zwei Schwestern / Töchter.
Eu tenho três irmãos / filhos.	Ich habe drei Geschwister (auch Brüder) / Kinder (auch Söhne).
Não tenho …	Ich habe …
… irmão / irmã.	… keinen Bruder / keine Schwester.
… filho / filha.	… keinen Sohn / keine Tochter.
Eu tenho uma esposa / um marido.	Ich habe eine Frau / einen Mann.
Eu não tenho mulher / marido.	Ich habe keine Frau / keinen Mann.

Kommunikation

1 Welche Sätze drücken das Gleiche aus? Kreuzen Sie an. Es sind mehrere Antworten richtig.

1. Sou casado no civil.
   - A ☐ Sou casado.
   - B ☐ Sou oficialmente casado.
   - C ☐ Sou viúvo.

2. Eu tenho dois filhos.
   - A ☐ Tenho dois filhos: o João e o Carlos.
   - B ☐ Eu tenho dois maridos.
   - C ☐ Eu tenho um filho e uma filha.

3. Eu tenho uma mulher.
   - A ☐ Tenho marido.
   - B ☐ Tenho esposa.
   - C ☐ Tenho filhas.

2 Hier sehen Sie vier Antworten. Wie heißen die Fragen dazu? Verwenden Sie die Du-Form, z. B. Frage: Você tem uma família? – Antwort: Sim, tenho uma família.

1. ______________________________ ? Sim, tenho um irmão e duas irmãs.
2. ______________________________ ? Sim, sou casada.
3. ______________________________ ? Tenho três irmãos.
4. ______________________________ ? Eu tenho dois filhos.

3 Pedro da Silva beschreibt seine Familie. Ergänzen Sie die Sätze.

Raimunda da Silva (Pedros Mutter)	Joaquim da Silva (Pedros Bruder)
Manuel Santos (Pedros Onkel)	José Santos (Pedros Großvater)
Cecília Santos (Pedros Großmutter)	Maria da Silva (Pedros Ehefrau)
Ana da Silva (Pedros Tochter)	Fernanda da Silva (Pedros Tochter)
Jorge da Silva (Pedros Sohn)	Cacau (Pedros Papagei)

1. Eu tenho ______________ . Ela se chama Maria.
2. ______________ duas ______________ . Elas se chamam Ana e Fernanda.
3. ______________ um ______________ . Ele se chama ______________ .
4. Joaquim da Silva é o meu ______________ .
   Ele também é filho da Dona ______________ .
5. ______________ é filha da minha ______________ Cecília e do meu ______________ José Santos.
6. Meu ______________ Manuel é irmão da minha ______________ .
   Ele não tem mulher. Ainda é ______________ .
7. Eu tenho um ______________ . Ele se chama Cacau. Meu ______________ Jorge gosta muito do Cacau.

Sich entschuldigen / Um etwas bitten / Sich bedanken

20
- ▶ Com licença, por favor, o senhor pode me dizer que horas são? — Entschuldigen Sie, können Sie mir bitte sagen, wie spät es ist?
- ▷ São quinze para as seis. — Es ist viertel vor sechs.
- ▶ Nossa! … Desculpe-me, tenho que me apressar. O senhor quer a minha pizza? — Um Himmels Willen! … Verzeihung, ich muss mich beeilen. Wollen Sie meine Pizza haben?
- ▷ Sim, obrigado! — Ja, vielen Dank!
- ▶ De nada! — Bitte schön!

Sich entschuldigen

Desculpa!	Entschuldigung!
Perdão! / Com licença!	Entschuldigung! / Verzeihung (dass ich Sie störe)!
Desculpe-me pelo atraso.	Entschuldigen Sie meine Verspätung.
Perdoe-me pelo incômodo.	Verzeihen Sie die Störung.

Umgangsprache:

Dá licença?	Darf ich? / Entschuldigung (dass ich störe)!

Als höfliche Reaktion auf eine Entschuldigung sagt man:

Não foi nada! / Desculpado, -a!	Macht nichts! / wörtl. Du bist / Sie sind entschuldigt!
Não tem problema!	Kein Problem!

Um etwas bitten

Eine sehr höfliche Bitte drücken Sie so aus:

Por favor, …	Bitte, …
… a senhora / você poderia me ajudar?	… könnten Sie (f.) / könntest du mir helfen?

Umgangsprache:

Por favor, …	Bitte, …
… o senhor / você pode me dar o sal?	… können Sie (m.) / kannst du mir das Salz geben?

Sich bedanken

Obrigado, -a! / Muito obrigado, -a!	Danke! / Vielen Dank!
Agradeço-lhe, -s!	Ich bedanke mich bei Ihnen (Sg. / Pl.) / euch / dir!

> Wenn sich eine Frau in Brasilien bedankt sagt sie obrigada, während ein Mann obrigado sagt.

Höfliche Reaktionen auf eine Danksagung sind:

De nada!	Bitte sehr!
Não há de quê!	Keine Ursache!

1 Welche Ausdrücke gehören wohin? Ordnen Sie zu.

Desculpa! Perdão! Por favor, … Dá licença? Obrigado! Agradeço-lhes!

1. Entschuldigung	2. Danksagung	3. Bitte

2 Wie lautet die höfliche Reaktion auf die folgenden Aussagen? Ergänzen Sie in den Sprechblasen.

1. Desculpe-me pelo atraso.

2. Muito obrigada!

3 Wie formulieren Sie folgende Bitten?

Por favor, você pode me dizer que horas são? Por favor, você poderia me dar o jornal?
Por favor, você poderia me dizer que horas são? Por favor, você pode me dar o jornal?

1. Sie wollen, dass jemand Ihnen die Zeitung gibt.

Sehr höfliche Bitte: ______________________________

2. Sie möchten wissen, wie spät es ist.

Direkte Bitte: ______________________________

4 Ordnen Sie bitte zu.

1. Bitte sehr!	A Desculpa!
2. Darf ich?	B Não tem problema!
3. Danke!	C Obrigado!
4. Entschuldigung!	D De nada!
5. Kein Problem!	E Perdão!
6. Verzeihung!	F Não há de quê!
7. Keine Ursache!	G Dá licença?

Sprachkenntnisse angeben / Missverständnisse klären

21

▶ Você fala português muito bem!	Du sprichst sehr gut Portugiesisch!
▷ Obrigada. O senhor fala alemão?	Danke. Sprechen Sie Deutsch?
▶ Infelizmente, não. Mas falo um pouco de russo e inglês.	Leider nein. Aber ich kann ein bisschen Russisch und Englisch.
▷ Desculpa! Eu não ouvi bem. O senhor poderia repetir, por favor?	Verzeihung, ich habe das akustisch nicht verstanden. Könnten Sie das bitte wiederholen?
▶ Claro, eu disse que falo russo e inglês.	Selbstverständlich. Ich sagte, ich kann Russisch und Englisch.
▷ O quê? Árabe e japonês?	Wie bitte? Arabisch und Japanisch?

W3

Sprachkenntnisse angeben

Nach den Sprachkenntnissen einer Person erkundigen Sie sich so:

A senhora / você fala português?	Sprechen Sie (f.) / sprichst du Portugiesisch?

Mögliche Antworten darauf sind:

Sim, eu falo alemão …	Ja, ich spreche Deutsch …
… perfeitamente / (muito) bem / (muito) mal.	… ausgezeichnet / (sehr) gut / (sehr) schlecht.
Eu falo um pouco de alemão.	Ich spreche ein bisschen Deutsch.
Eu entendo um pouco de espanhol.	Ich verstehe ein bisschen Spanisch.
Infelizmente não falo …	Leider kann ich kein …

Sprachliche Missverständnisse klären

Spricht man eine Sprache noch nicht so gut, kommt es leicht zu sprachbedingten Missverständnissen. So äußern Sie Ihre Verständigungsprobleme:

Desculpa! Eu não entendi.	Verzeihung, ich habe das nicht verstanden.
Desculpa! Eu não ouvi direito / bem.	Verzeihung, ich habe das akustisch nicht verstanden.
O senhor / você poderia repetir, por favor?	Könnten Sie (m.) / könntest du das bitte wiederholen?
Fale um pouco mais devagar, por favor.	Bitte sprechen Sie langsamer.
Eu não sei o que a palavra … significa.	Ich weiß nicht, was das Wort … bedeutet.
A senhora / você poderia me explicar o que … significa?	Könnten Sie (f.) / könntest du mir erklären, was … bedeutet?
O que é … em português?	Was heißt … auf Portugiesisch?

1 Wie drücken Sie folgende Angabe aus? Kreuzen Sie an.

Verzeihung, ich habe das akustisch nicht verstanden.

1. ☐ Eu entendo um pouco de espanhol.
2. ☐ Eu falo um pouco de alemão.
3. ☐ Desculpa! Eu não ouvi direito.
4. ☐ Sim, eu falo alemão perfeitamente.
5. ☐ Fale um pouco mais devagar, por favor.
6. ☐ Desculpa! Eu não ouvi bem.
7. ☐ Sim, eu falo bem alemão.

2 Tomás lernt verschiedene Sprachen. Wie bewerten Sie seine Sprachkenntnisse auf Brasilianisch?

1. Tomás fala italiano perfeitamente.
2. Tomás fala ___________ alemão.
3. Ele fala _______________ inglês.
4. Tomás fala ___________ grego.
5. Tomás fala ____________ espanhol.
6. Ele ___________________ russo.

Italienisch: 1,0
Deutsch: 1,2
Englisch: 2
Griechisch: 4
Spanisch: 6
Russisch: keine Kenntnisse

3 Welche Sätze benutzen Sie in welcher Situation? Ordnen Sie zu.

1. Ihr Gesprächspartner spricht zu schnell. Sie wollen, dass er langsamer spricht.
2. Sie haben das Gesagte akustisch nicht richtig verstanden (gehört).
3. Sie wollen, dass Ihr Gesprächspartner das Gesagte wiederholt.
4. Sie haben nicht verstanden, was gesagt wurde.
5. Sie wissen nicht, was ein bestimmtes brasilianisches Wort bedeutet.
6. Sie wollen wissen, was ein bestimmtes deutsches Wort auf Portugiesisch heißt.

A Desculpa! Eu não entendi.

B O que é … em português?

C Eu não sei o que a palavra … significa.

D Você poderia repetir, por favor?

E Fale um pouco mais devagar, por favor.

F Desculpa! Eu não ouvi direito.

Über Gewohnheiten / Vorlieben / Abneigungen sprechen

22

► Quais são seus passatempos favoritos?	Was machst du am liebsten in deiner Freizeit?
▷ Eu gosto muito de jogar futebol. Vou sempre a partidas de futebol.	Ich spiele sehr gerne Fußball. Ich gehe immer zu Fußballspielen.
► É o que você mais gosta de fazer?	Ist es das, was du am liebsten machst?
▷ Não! Gosto mais de pular carnaval do que de jogar futebol.	Nein! Ich feiere lieber Karneval, als Fußball zu spielen.
► E o que você não gosta de fazer?	Und was machst du nicht gerne?
▷ Detesto levantar cedo.	Ich stehe überhaupt nicht gern früh auf.

W5
W7

Gewohnheiten beschreiben

Gewohnheiten werden häufig mit allgemeinen Zeitangaben wie z. B. de manhã (morgens), todos os dias (jeden Tag), toda as quartas (mittwochs) und / oder mit den folgenden Adverbien ausgedrückt:

freqüentemente	häufig
geralmente / normalmente	in der Regel / normalerweise
regularmente	regelmäßig
na maioria das vezes	meistens
Nós vamos freqüentemente ao teatro.	Wir gehen häufig ins Theater.
Normalmente vou de bicicleta para o trabalho.	Normalerweise fahre ich mit dem Fahrrad zur Arbeit.

G4

Vorlieben / Abneigungen ausdrücken

Eu gosto (muito) de música.	Ich mag Musik (sehr).
Eu gosto mais de bolo do que de queijo.	Ich mag lieber Kuchen als Käse.
O que mais gosto são filmes do Tarzan.	Am liebsten mag ich Tarzanfilme.
A coisa que menos gosto é futebol.	Am wenigsten mag ich Fußball.
Detesto futebol!	Ich hasse Fußball!
Adoro futebol!	Ich liebe Fußball!
Eu não gosto de ir ao teatro.	Ich gehe nicht gern ins Theater.
Eu não gosto muito de ir ao teatro.	Ich gehe nicht so gern ins Theater.
Eu não gosto de ir ao teatro de jeito nenhum.	Ich gehe überhaupt nicht gern ins Theater.
Eu prefiro ir ao cinema a ir ao teatro.	Ich gehe lieber ins Kino als ins Theater.

Ein sehr wichtiges Verb ist gostar. Es tritt immer nur in Verbindung mit der Präposition de auf: gostar de (mögen, gerne haben). Mit der Konstruktion gostar + de + **Infinitiv** lassen sich leicht Aussagen über Vorlieben und Abneigungen machen:

Eu não gosto de cantar.	Ich singe nicht gern.
Nós gostamos de viajar de avião.	Wir fliegen gern mit dem Flugzeug.

1 Im Brasilianischen gibt es mehrere Möglichkeiten, Vorlieben bzw. Abneigungen auszudrücken. Können Sie diese Sätze entsprechend vervollständigen?

gosto muito	detesto	gosto mais ... do que de	mais gosto	menos gosto	adoro

1. Ich mag Musik sehr. — Eu __________ de música.
2. Ich hasse Fußball! — __________ futebol!
3. Ich mag lieber Kuchen als Käse. — Eu __________ de bolo __________ queijo.
4. Am liebsten mag ich Tarzanfilme. — O que __________ são filmes do Tarzan.
5. Am wenigsten mag ich Fußball. — A coisa que __________ é futebol.
6. Ich liebe Fußball! — __________ futebol!

2 Diese Sätze drücken Vorlieben aus. Formen Sie sie in Abneigungen um.

1. Eu gosto de cantar. ____________________
2. A coisa que mais gosto é cinema. ____________________
3. Eu gosto muito de música. ____________________
4. Adoro macarrão. ____________________

3 Hier sehen Sie die Liste mit den Vorlieben und Abneigungen von João. Bringen Sie die Sätze in die Reihenfolge von 1. „mag" bis 6. „mag überhaupt nicht".

- [1] A coisa que João mais gosta é feijoada.
- [ ] João não gosta de cinema de jeito nenhum.
- [ ] João gosta mais de futebol do que de teatro.
- [ ] João não gosta de cinema.
- [ ] João gosta de música clássica.
- [ ] João não gosta muito de teatro.

4 Sehen Sie sich diese Sätze an. Können Sie sie so umformulieren, dass sie Gewohnheiten ausdrücken? Benutzen Sie die vorgegebenen Wörter: regularmente und todos os dias.

1. Viajo para o Brasil. ____________________
2. Tomo banho. ____________________
3. Vou ao teatro. ____________________
4. Caminho. ____________________
5. Vou a partidas de futebol. ____________________

Am Telefon

23

▶ Alô.	Hallo.
▷ Bom dia. Posso falar com a Carla, por favor?	Guten Tag. Kann ich bitte Carla sprechen?
▶ Ela não está. Quem fala?	Sie ist nicht da. Wer ist bitte am Apparat? (wörtl. Wer spricht?)
▷ Aqui é da polícia! Cadê ela (ugs.)?	Hier ist die Polizei! Wo ist sie?
▶ Ai meu Deus! É grave?	Mein Gott! Ist es ernst?
▷ Calma Dona Marta, aqui é o André. A senhora pode dizer a ela que eu liguei?	Beruhigen Sie sich, Dona Marta, hier ist André. Könnten Sie ihr ausrichten, dass ich angerufen habe?
▶ Que brincadeira boba! … OK, digo sim.	Was für ein dummer Witz! … In Ordnung, ich richte es aus.
▷ Obrigado.	Danke.
▶ De nada.	Keine Ursache.
▷ Tchau.	Auf Wiederhören.

Sich melden

In Brasilien ist es nur im geschäftlichen Bereich üblich, sich mit dem Namen (und dem Firmennamen) am Telefon zu melden. Privat meldet man sich üblicherweise so:

Alô.	Hallo.

Auch der Anrufer selbst stellt sich selten mit dem eigenen Namen vor, daher fragt man danach:

Alô. Quem fala?	Hallo. Wer ist bitte am Apparat? (wörtl. Wer spricht?)

Nach jemandem fragen

… está? / Posso / Poderia falar com …?	Ist … da? / Kann / Könnte ich … sprechen?
Um momento, vou chamá-la / -lo.	Moment bitte, ich rufe sie / ihn.
No momento ela / ele não está.	Sie / er ist im Moment nicht da.

Falsch verbunden

Infelizmente, essa pessoa não mora aqui.	Leider wohnt diese Person nicht hier.
Você ligou para o lugar errado.	Du bist falsch verbunden.

Eine Nachricht hinterlassen

Quer deixar recado?	Kann ich etwas ausrichten?
A senhora poderia dizer a ela / ele …	Können Sie (f.) ihr / ihm bitte ausrichten,
… para me ligar?	… er / sie soll mich zurückrufen?
… que eu liguei?	… dass ich (ihn / sie) angerufen habe?

Es gibt keine spezielle Abschiedsformel (wie z. B. „Auf Wiederhören“) am Telefon. Man sagt ganz einfach: Tchau! (Tschüss!)

Kommunikation

1 Wann hören Sie was? Ordnen Sie zu.

1. Ihr Telefon klingelt. Sie nehmen den Hörer ab.
2. Die Person, die Sie sprechen wollen, ist nicht da.
3. Zur Verabschiedung.
4. Die Person, die Sie sprechen wollen, wohnt nicht da.
5. Die Person will wissen, wer anruft.
6. Jemand ruft die verlangte Person.

A Infelizmente, essa pessoa não mora aqui.
B Alô. Quem fala?
C Tchau.
D Alô.
E Um momento, vou chamá-la / -lo.
F No momento ele / ela não está.

2 Der folgende Dialog ist durcheinander geraten. Nummerieren Sie die Sätze in der richtigen Reihenfolge.

[1] Alô.
[ ] Um momento, vou chamá-lo.
[ ] Bom dia. O Marcos está?
[ ] Aqui é o Pedro.
[ ] Quem fala?

3 Sie rufen jemanden an. Vervollständigen Sie den Dialog.

Alô.	1. Alô. Bom dia. ____________________? (Sie möchten Mônica sprechen.)
Quem fala?	2. ____________________. (Sie stellen sich vor.)
No momento ela não está.	3. A senhora poderia dizer a ela ____________________ ____________________? ____________________! (Sie wollen, dass Mônica Sie zurückruft und verabschieden sich.)

Sich verabreden / Vorschläge machen, annehmen, ablehnen

24

▶ Bom dia, Zé! O que você vai fazer hoje à noite?	Guten Tag, Zé. Was machst du heute Abend?
▷ Nada. Você tem uma idéia?	Nichts. Hast du eine Idee?
▶ Sim, vamos ao teatro? Há uma peça muito boa!	Ja, wollen wir ins Theater gehen? Es läuft ein sehr gutes Stück!
▷ Legal! Onde e quando nos encontramos?	Super! Wo und wann treffen wir uns?
▶ Às seis no ponto de ônibus.	Um sechs an der Bushaltestelle.
▷ Tudo bem.	OK.
▶ Então, até mais tarde!	Dann bis später!
▷ Até mais tarde!	Bis später!

W5

W7

Vorschläge machen, annehmen, ablehnen

Vamos nos encontrar?	Wollen wir uns treffen?
O que você acha de irmos …	Wollen wir …
… à praia / ao teatro?	… zum Strand / ins Theater gehen?
A senhora / você gostaria de …	Möchten Sie (f.) / möchtest du …
… ir ao cinema / à discoteca?	… ins Kino / in die Disco gehen?
… ir a uma partida de futebol?	… zu einem Fußballspiel gehen?
… assistir a um filme?	… sich / dir einen Film ansehen?
Vamos nos encontrar?	Wollen wir uns treffen?
Boa idéia!	Gute Idee!
Com prazer!	Mit Vergnügen!
Infelizmente hoje à noite não dá.	Leider geht es heute Abend nicht.
Infelizmente hoje à noite não posso.	Leider kann ich heute Abend nicht.
Infelizmente amanhã estarei ocupado, -a.	Leider werde ich morgen beschäftigt sein.
Talvez fosse melhor …	Vielleicht lieber …
… num outro dia?	… an einem anderen Tag?
… no sábado?	… am Samstag?

W7

Ort und Zeit vereinbaren

Onde nos encontramos?	Wo treffen wir uns ?
Podíamos nos encontrar …	Wir könnten uns treffen …
… na entrada / na saída?	… am Eingang / Ausgang?
… no ponto de ônibus?	… an der Bushaltestelle?
Quando nos encontramos?	Wann treffen wir uns?
O que você acha às seis (horas)?	Wie wäre es um sechs Uhr?
Seis horas é muito cedo / tarde.	Sechs Uhr ist sehr früh / spät.

1 Ordnen Sie die Fragen und Vorschläge links zur jeweils passenden Reaktion rechts.

1. O que você faz no sábado?
2. Você gostaria de ir ao cinema?
3. Quando nos encontramos?
4. Onde nos encontramos?
5. O que você acha de irmos ao teatro hoje à noite?

A Podiamos nos encontrar na entrada?
B Boa idéia!
C Infelizmente hoje à noite não posso.
D Nada.
E Vamos nos encontrar às seis?

2 Ein Freund macht Ihnen einen Vorschlag, was sie am Freitag zusammen unternehmen könnten. Reagieren Sie auf den Vorschlag entsprechend der Vorgabe in Klammern.

1. O que você acha de irmos sexta-feira ao cinema?

   ____ !
   (Sie finden, das ist eine gute Idee.)

2. Infelizmente, sexta-feira ____________________ . Talvez ____________________ ?
   (Sie lehnen den Vorschlag ab, weil Sie am Freitag nicht können.
   Schlagen Sie als Alternative den Samstag vor.)

3. _______________ e _______________ nos encontramos?
   (Sie wollen wissen, wo und wann sie sich treffen.)

4. ____ no ponto de ônibus?
   (Wir könnten uns an der Bushaltestelle treffen.)

3 Hier sehen Sie einen Ausschnitt aus dem Veranstaltungskalender für diesen Freitag. Machen Sie einem Freund Vorschläge, was Sie zusammen unternehmen könnten. Probieren Sie verschiedene Formulierungsmöglichkeiten mit den angegebenen Wörtern aus.

você	ao filme	ao jogo	de irmos	o que	você acha	na sexta-feira

____

____

____

____

____

____

Cinema:
Filme “King Kong VI”

Futebol:
Jogo “Brasil x Alemanha”

Nach dem Weg fragen / Den Weg beschreiben

25

▶ Com licença. Por favor, o senhor pode me dizer onde fica o Teatro Nacional?	Verzeihung. Können Sie mir bitte sagen, wo das Nationaltheater ist?
▷ Claro, siga em frente e vire então à esquerda. O teatro fica do lado direito.	Klar, fahren Sie geradeaus und biegen Sie dann nach links ab. Das Theater ist auf der rechten Seite.
▶ Obrigada.	Danke.
▷ De nada. A senhora pode me dar uma carona? Também vou para lá.	Keine Ursache. Können Sie mich mitnehmen? Ich gehe auch dahin.
▶ Sinto muito, mas eu não vou direto para lá.	Es tut mir Leid, aber ich fahre nicht direkt dorthin.

W13

Nach dem Weg fragen

Com licença. Onde fica …?	Entschuldigen Sie, wo ist …?
O senhor poderia / pode me …	Könnten Sie (m.) / Können Sie (m.) mir …
… dizer como eu faço para chegar …?	… sagen wie man nach / zu … kommt?
… mostrar o caminho para …?	… den Weg nach / zu … zeigen?

Wenn Sie ein Verkehrsmittel benutzen, fragen Sie:

Como faço para ir (de ônibus) até …?	Wie kommt man (mit dem Bus) nach …?
Este ônibus / trem vai para …?	Fährt dieser Bus / Zug nach …?
Onde tenho que descer?	Wo muss ich aussteigen?

G25

Den Weg beschreiben

Siga em frente por esta rua.	Gehen / Fahren Sie diese Straße geradeaus.
Dê a volta e siga em frente na direção contrária.	Sie müssen wieder zurück und in die andere Richtung geradeaus gehen / fahren.
Siga em frente 200 metros.	Gehen / Fahren Sie 200 Meter geradeaus.
Siga até o cruzamento / semáforo.	Gehen / Fahren Sie bis zur Kreuzung / Ampel.
Atravesse a rua.	Überqueren Sie die Straße.
Vire à esquerda / direita.	Biegen Sie nach links / rechts ab.
Chegando ao correio entre na … Rua Igino Bonfioli.	Beim Postamt biegen Sie in die … Igino Bonfioli Straße ein.
A estação ferroviária é ali / aqui … … do lado direito / esquerdo / outro lado da rua.	Der Bahnhof ist dort / hier … … auf der rechten / linken / anderen Straßenseite.
Vá com o ônibus número cinco até …	Fahren Sie mit dem Bus Nr. 5 bis …
Desça no primeiro ponto da Rua Pirapora.	Steigen Sie an der ersten Haltestelle der Pirapora Straße aus.

1 Sehen Sie sich die Pfeile an und kreuzen Sie an, welche Richtung dazu passt.

1. 

A ☐ Vire à direita.
B ☐ Vire à esquerda.
C ☐ Siga em frente.

2. 

A ☐ Vire à esquerda.
B ☐ Vire à direita.
C ☐ Siga em frente.

3. 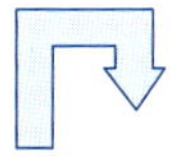

A ☐ Siga em frente.
B ☐ Dê a volta.
C ☐ Fica no caminho.

2 Ordnen Sie die Ausdrücke den Übersetzungen zu.

1. siga em frente
2. vire à direita
3. do lado esquerdo da rua
4. siga até o centro
5. atravesse a rua
6. chegando ao semáforo vire à esquerda
7. vá com o ônibus número cinco

A an der Ampel biegen Sie nach links ab
B gehen / fahren Sie geradeaus
C gehen / fahren Sie bis zum Zentrum
D auf der linken Straßenseite
E biegen Sie nach rechts ab
F überqueren Sie die Straße
G fahren Sie mit dem Bus Nr. 5

3 Vervollständigen Sie diesen Dialog mit den vorgegebenen Wörtern. Die Übersetzung hilft Ihnen.

como eu faço para chegar	chegando	atravesse	esquerda
direito	rua	em frente	vire	desça

1. Com licença! Por favor, o senhor poderia me dizer ____________________ ao correio?
   Entschuldigen Sie! Könnten Sie mir bitte sagen, wie ich zum Postamt komme?

2. ____________________ a rua e vire à ____________________ .
   Überqueren Sie die Straße und biegen Sie nach links ab.

3. Siga ____________________ cem metros.
   Gehen / Fahren Sie hundert Meter geradeaus.

4. ____________________ ao semáforo ____________________ à direita.
   An der Ampel biegen Sie nach rechts ab.

5. A estação ferroviária é do lado ____________________ da ____________________ .
   Der Bahnhof ist auf der rechten Straßenseite.

6. ____________________ do carro e ____________________ a rua.
   Steigen Sie aus dem Auto und überqueren Sie die Straße.

Im Restaurant

26

▶ Eu posso fazer o pedido?	Kann ich bestellen?
▷ Sim, por favor.	Ja, bitte schön.
▶ Eu gostaria de uma salada e uma feijoada.	Ich hätte gerne einen Salat und eine Feijoada.
▷ O senhor gostaria de beber alguma coisa?	Möchten Sie etwas trinken?
▶ Um copo de vinho tinto, por favor.	Ein Glas Rotwein, bitte.
▷ Mais algum desejo?	Noch einen Wunsch?
▶ Sim, cancele o vinho. Vou tomar uma caipirinha.	Ja, streichen Sie den Wein. Ich werde eine Caipirinha trinken.

W9

Menü / Essen bestellen

W10

Gostaria de reservar uma mesa para duas pessoas para hoje à noite em nome de Mara de Andrade.	Ich möchte für heute Abend einen Tisch für zwei Personen auf den Namen Mara de Andrade reservieren.
Eu gostaria de ver o cardápio, por favor.	Könnte ich die Speisekarte haben?
O que o senhor recomenda?	Was können Sie empfehlen?
Eu gostaria de (mais / menos) …	Ich hätte gerne (mehr / weniger von) …
Onde fica o banheiro, por favor?	Wo sind bitte die Toiletten?
Você se importa que eu fume?	Stört es Sie, wenn ich rauche?
Já escolheu / escolheram?	Haben Sie (Sg. / Pl.) schon gewählt?
A senhora gostaria de …?	Hätten Sie (f.) gerne …?

Über das Essen sprechen

O senhor gostou?	Hat es Ihnen (m.) geschmeckt?
Muito gostoso, -a!	Sehr gut!
Muito doce / azedo / salgado / apimentado.	Sehr süß / sauer / salzig / scharf.
Falta açúcar / sal.	Es fehlt Zucker / Salz.

Bezahlen

A conta, por favor!	Die Rechnung bitte!
É possível pagar com cartão de crédito / cheque?	Kann man mit Kreditkarte / Scheck zahlen?
O serviço está incluído?	Ist der Service im Preis inbegriffen?

Trink- und Essprüche

Bom apetite!	Guten Appetit!
Saúde!	Prost!

W10

Die brasilianische Küche ist vielfältig, sie ist das Ergebnis europäischer, afrikanischer und indianischer Einflüsse. Neben Restaurants mit regionaler Küche, findet man in großen Städten aber auch Lokale mit einer internationalen Speisekarte. Berühmt in Brasilien ist die cozinha mineira (die Küche aus Minas Gerais), die typische Küche aus dem Nordosten (z. B. aus Bahia) mit pikanten Gerichten (wie acarajé und vatapá) und der churrasco gaúcho, die Grilltradition aus dem Süden. Ein alltägliches „Muss" in Brasilien ist der feijão com arroz (Bohnen mit Reis). Das Nationalgericht ist ein Erbe der Kolonialzeit und trägt den Namen feijoada (Schwarzbohnen, gekocht mit verschiedenen Fleischsorten). Der Traum aller Brasilianer!

1 Dieser Dialog ist durcheinander geraten. Nummerieren Sie die Sätze in ihrer logischen Reihenfolge.

- [1] O senhor já escolheu?
- [ ] A conta, por favor!
- [ ] Uma salada, por favor.
- [ ] O senhor gostaria de beber alguma coisa?
- [ ] Bom apetite!
- [ ] Vinho tinto, por favor.
- [ ] Obrigado!

2 Ordnen Sie zu. Was sagen Sie, wenn …

1. Ihr Essen sehr lecker ist.
2. Ihr Essen etwas zu salzig ist.
3. Ihr Essen sehr süß ist.
4. Salz fehlt.
5. Zucker fehlt.

A falta sal
B falta açúcar
C salgada demais
D muito gostosa
E muito doce

3 Übersetzen Sie die Sätze mit Hilfe der vorgegebenen Wörter.

bom	senhor	apetite	o	vinho	gostaria
gostou	de ver	o cardápio	saúde		

1. Guten Appetit! ______________________ !
2. Prost! ______________________ !
3. Ich hätte gern mehr Wein. Eu __________ de mais __________ .
4. Hat es Ihnen geschmeckt? ______________________ ?
5. Könnte ich die Speisekarte haben? Eu ______________________ .

4 Ordnen Sie die folgenden Sätze zu.

1. Café com açúcar?
2. Vinho?
3. A conta?
4. Já escolheu?
5. O senhor gostou?
6. Bom apetite!
7. Saúde!

A Sim, um copo por favor.
B Posso pagar com cartão?
C Não, amargo por favor.
D Saúde!
E Obrigado!
F Uma salada e uma feijoada por favor.
G A comida está muito gostosa!

Einkaufen / Dinge vergleichen

27

▶ Quanto custa este biquíni verde?	Wie viel kostet dieser grüne Bikini?
▷ Ele custa cem reais.	Er kostet hundert Reais.
▶ Ah, isso é caro demais!	Oh, das ist zu teuer!
▷ O que você acha deste azul aqui? Ele é mais barato, noventa e nove reais e noventa e nove centavos.	Wie gefällt Ihnen dieser blaue hier? Er ist billiger, neunundneunzig Reais und neunundneunzig Cent.
▶ É bonitinho, mas o preço continua salgado. Pago noventa e nove reais e noventa e oito centavos.	Er ist süß, aber der Preis ist immer noch gesalzen. Ich bezahle neunundneunzig Reais und achtundneunzig Cent.
▷ Tudo bem, aceito. A senhora sabe mesmo pechinchar!	In Ordnung, einverstanden. Sie verstehen wirklich was vom Handeln!
▶ Então, onde posso prová-lo?	Wo kann ich ihn anprobieren?
▷ A cabine fica lá atrás.	Die Umkleidekabine ist da hinten.

Im Geschäft

A senhora tem …?	Haben Sie (f.) …?
Eu gostaria de comprar roupas.	Ich würde gern etwas zum Anziehen kaufen.
Eu quero comprar …	Ich will … (kaufen).
Só estou olhando / dando uma olhada.	Ich schaue mich nur um.

W6

Nach dem Preis fragen

Quanto custa / -am …?	Wie viel kostet / -en …?
O colar custa dez reais / euros.	Die Kette kostet 10 Reais / Euro.
O senhor teria algo mais barato?	Hätten Sie (m.) etwas Günstigeres?

W11
G10

Dinge vergleichen und bewerten

O que o senhor / você acha desta …?	Wie gefällt Ihnen (m.) / dir diese …?
Eu gosto muito deste …	Dieser … gefällt mir sehr gut.
Eu não gosto desta …	Diese … gefällt mir nicht.
Esta jaqueta é mais bonita que aquela.	Diese Jacke ist schöner als jene.
Aquela saia é a mais bonita / feia de todas.	Jener Rock ist am schönsten / hässlichsten von allen.
Este vestido me agrada mais.	Dieses Kleid gefällt mir besser.
Isso é caro demais / barato demais.	Das ist etwas zu teuer / zu billig.
… grande demais / pequeno demais.	… zu groß / zu klein.
A senhora tem este sapato num número maior / menor?	Haben Sie (f.) diese Schuhe eine Nummer größer / kleiner?

Bezahlen

Quanto tenho que pagar?	Wie viel muss ich bezahlen?
Onde posso pagar? Onde está o caixa?	Wo kann ich zahlen? Wo ist die Kasse?
Posso pagar com cartão de crédito?	Kann ich mit Kreditkarte zahlen?

1 Übersetzen Sie.

1. Eu gostaria de comprar roupas.

   ____

2. Quanto tenho que pagar?

   ____

3. Só estou dando uma olhada.

   ____

4. Quanto custam estes sapatos?

   ____

5. Quero comprar uma saia.

   ____

6. O senhor tem este sapato num número maior?

   ____

2 Finden Sie die Gegensätze. Achten Sie auf die unterschiedlichen Endungen für männliche und weibliche Adjektive.

1. cara demais
2. grande demais
3. não gosto
4. barato
5. um pouco caro demais
6. a mais bonita de todas

A caro
B pequeno demais
C a mais feia de todas
D gosto
E um pouco barato demais
F barata demais

3 Ergänzen Sie die Sätze mit den vorgegebenen Wörtern. Die Übersetzung hilft Ihnen.

esta	cara demais	é	pequeno demais	muito
me agrada	mais bonita	não gosto	feio	pagar

1. ______ blusa ______________ . Diese Bluse ist zu teuer.
2. Este sapato ______________ . Diese Schuhe sind zu klein.
3. ______ desse colar. Diese Kette gefällt mir nicht.
4. Esta saia ______ que aquela. Dieser Rock ist schöner als jener.
5. Este vestido ______________ . Dieses Kleid gefällt mir sehr.
6. Este biquíni é ______________ . Dieser Bikini ist sehr häßlich.
7. Quanto tenho que ______________ ? Wie viel muss ich bezahlen?

Im Hotel

28

▶ Bom dia. Eu gostaria de um quarto.	Guten Tag. Ich hätte gerne ein Zimmer.
▷ Um quarto de solteiro ou um quarto de casado?	Ein Einzelzimmer oder ein Doppelzimmer?
▶ Um quarto de solteiro.	Ein Einzelzimmer.
Como é esse quarto?	Wie ist es eingerichtet?
▷ Ele tem chuveiro, banheiro com banheira, TV a cores e geladeira.	Es hat eine Dusche, ein Bad mit Badewanne, einen Farbfernseher und einen Kühlschrank.
Quanto tempo a senhora deseja ficar?	Wie lange wollen Sie bleiben?
▶ Uma semana.	Eine Woche.
Vocês têm serviço de quarto?	Habt ihr Zimmerservice?
▷ Sim. O café da manhã está incluído no preço. Almoço e jantar não.	Ja. Das Frühstück ist im Preis inbegriffen. Das Mittag- und Abendessen nicht.
O cliente paga extra.	Das zahlt der Gast extra.
▶ O hotel tem piscina?	Gibt es einen Pool im Hotel?
▷ Não, mas tem praia particular.	Nein, aber es hat einen Privatstrand.

W7 Ein Zimmer buchen

Eu gostaria de reservar …	Ich möchte gern reservieren …
Eu gostaria de …	Ich hätte gerne …
… um quarto de solteiro / individual.	… ein Einzelzimmer.
… um quarto de casado / duplo.	… ein Doppelzimmer.
… para uma noite / duas noites.	… für eine Nacht / zwei Nächte.
… uma semana / duas semanas.	… eine Woche / zwei Wochen.
Para quando?	Von wann bis wann?
De vinte de agosto a primeiro de setembro.	Vom 20. August bis 1. September.

Wenn Sie Pech haben, gibt es keine freien Zimmer:

Infelizmente não temos nenhum quarto livre.	Leider haben wir keine freien Zimmer.

W12 Ein Zimmer beschreiben

O quarto tem chuveiro / banheiro	Das Zimmer hat Dusche / Bad.
… uma TV a cores / a cabo.	… einen Farbfernseher / Kabelfernsehen.
… uma geladeira.	… einen Kühlschrank.
… um telefone.	… ein Telefon.
… uma sacada / uma varanda.	… einen Balkon.
… uma vista linda.	… einen schönen Ausblick.
Um quarto com café da manhã / almoço / jantar.	Ein Zimmer mit Frühstück / Mittagessen / Abendessen.

1 Der folgende Dialog ist durcheinander geraten. Nummerieren Sie die Sätze in der richtigen Reihenfolge.

- [1] Bom dia.
- [ ] De agosto a outubro.
- [ ] Eu gostaria de um quarto.
- [ ] Quanto tempo o senhor deseja ficar?
- [ ] Um quarto individual, por favor.
- [ ] Um quarto individual, ou um quarto duplo?

2 Sie wollen ein Zimmer reservieren. Wie sagen Sie …? Ordnen Sie zu.

Ich möchte ein Zimmer reservieren …	Eu gostaria de reservar um quarto …
1. mit Badewanne.	A com telefone.
2. mit Balkon.	B com TV a cabo.
3. mit Telefon.	C com café da manhã.
4. mit Kabelfernsehen.	D com uma vista linda.
5. mit Dusche.	E com banheira.
6. mit Frühstück.	F com chuveiro.
7. mit schönem Ausblick.	G com sacada / varanda.

3 Übersetzen Sie folgende Fragen und Wünsche. Der Dialog auf der linken Seite hilft Ihnen.

1. Ich möchte ein Einzelzimmer reservieren.

____

2. Ich hätte gerne ein Zimmer mit Frühstück.

____

3. Wie ist das Zimmer eingerichtet?

____

4. Ich möchte ein Zimmer für eine Woche reservieren.

____

5. Vom 20. August bis 1. September.

____

6. Ich hätte gerne ein Einzelzimmer für eine Nacht.

____

Reisen

29

▶ Bom dia. Uma passagem para Brasília, por favor.	Guten Tag. Eine Fahrkarte nach Brasília bitte.
▷ Somente ida ou ida e volta?	Einfach oder hin und zurück?
▶ Só ida. Quando parte o trem?	Einfach. Wann fährt der Zug ab?
▷ O trem parte ao meio-dia e dez.	Der Zug fährt um 10 nach 12.
▶ De onde?	Und von wo?
▷ Da plataforma cinco.	Von Gleis 5.
▶ E ele costuma atrasar?	Und hat er gewöhnlich Verspätung?
▷ Muito raramente.	Sehr selten.
▶ Tudo bem.	Alles klar.

Eine Fahrkarte kaufen

Onde é a bilheteria?	Wo ist der Fahrkartenschalter?
Ainda há vagas …	Gibt es noch freie Plätze …
… na primeira classe / classe econômica?	… in der ersten / zweiten Klasse?
Gostaria de reservar uma passagem …	Ich möchte ein …
… aérea / de ônibus / de trem.	… Flug- / Bus- / Zugticket reservieren.
Uma passagem para …, na área de (não-)fumantes, por favor.	Eine Fahrkarte nach …, im (Nicht-)Raucherabteil bitte.
Uma passagem só de ida por favor.	Eine Einzelfahrkarte bitte.
Uma passagem de ida e volta por favor.	Eine Fahrkarte hin und zurück bitte.

G12
W6
W13

Reiseinformationen erfragen / erhalten

Quando parte o trem / ônibus?	Wann fährt der Zug / der Bus ab?
Quando parte o avião?	Wann fliegt das Flugzeug ab?
Quando chega o trem / ônibus?	Wann kommt der Zug / der Bus an?
Quando chega o avião?	Wann landet das Flugzeug?
Você pega o ônibus no primeiro ponto desta rua.	Du nimmst den Bus an der ersten Haltestelle in dieser Straße.
O trem está atrasado dez minutos.	Der Zug verspätet sich um 10 Minuten.
De onde parte o trem / ônibus?	Von wo fährt der Zug / Bus ab?
O trem parte da estação central.	Der Zug fährt vom Hauptbahnhof ab.
O ônibus parte da (estação) rodoviária.	Der Bus fährt vom Busbahnhof ab.
O ônibus parte da plataforma três.	Der Bus fährt von der Haltestelle Nr. 3 ab.
Este ônibus vai para …?	Fährt dieser Bus nach …?
Para onde vai este trem / ônibus?	Wohin fährt dieser Zug / Bus?
O trem vai parar em todas as estações?	Hält der Zug an allen Haltestellen?
Onde tenho que mudar de trem?	Wo muss ich umsteigen?
Boa viagem!	Gute Reise!

1 Formulieren Sie aus den vorgegebenen Wörtern die folgenden Sätze.

por favor	uma passagem		a bilheteria	o trem		este trem
está	onde	para	atrasado	Berlim	vai	é

1. Eine Fahrkarte nach Berlin bitte. ______________________ .
2. Wo ist der Fahrkartenschalter? ______________________ ?
3. Der Zug hat Verspätung. ______________________ .
4. Fährt dieser Zug nach Berlin? ______________________ ?

2 Ordnen Sie bitte zu.

1. De onde parte o ônibus?
2. Boa viagem!
3. Para onde vai este trem?
4. O ônibus parte da plataforma três.
5. O avião está atrasado dez minutos.
6. Onde é a bilheteria?
7. Ainda há vagas?

A Gute Reise!
B Das Flugzeug verspätet sich um 10 Minuten.
C Der Bus fährt von der Haltestelle Nr. 3 ab.
D Wo ist der Fahrkartenschalter?
E Wohin fährt dieser Zug?
F Gibt es noch freie Plätze?
G Von wo fährt der Bus ab?

3 Schauen Sie sich diese Antworten an. Wie heißen die Fragen dazu? Die Angaben in Klammern geben Ihnen einen Hinweis. G12

1. (Wann) ______________________ ?
   O trem parte às duas.
2. (Wohin) ______________________ ?
   O ônibus vai para Recife.
3. (Von wo) ______________________ ?
   O trem parte da plataforma dois.
4. (Wann) ______________________ ?
   O trem chega às catorze horas.
5. (Fährt der Bus ins Zentrum?) ______________________ ?
   Sim, vai para o centro.

Kommunikation

Verbtabellen / Regelmäßige Verben

abrir	öffnen	economizar	sparen
abraçar	umarmen	ensinar	beibringen
acordar	aufwachen	entender	verstehen
adiar	verschieben	encontrar	treffen
agradecer	danken	enviar	senden
ajudar	helfen	escovar	bürsten
almoçar	mittagessen	escrever	schreiben
amar	lieben	esperar	warten
andar	laufen	esquecer	vergessen
aprender	lernen	estudar	lernen
balançar	schaukeln	facilitar	erleichtern
bater	schlagen	falar	sprechen
beber	trinken	festejar	feiern
beijar	küssen	ficar	bleiben
botar	stellen	filmar	filmen
brigar	streiten	forçar	zwingen
brilhar	scheinen	freqüentar	besuchen
brincar	spielen	fritar	frittieren / braten
buscar	holen	fumar	rauchen
cansar	ermüden	fugir	fliehen
cantar	singen	ganhar	gewinnen
chegar	ankommen	garantir	garantieren
chamar	rufen	gastar	verbringen
comer	essen	girar	drehen
conhecer	kennenlernen	gostar	mögen
correr	rennen	gripar-se	sich erkälten
comprar	kaufen	gritar	schreien
conversar	sich unterhalten	guardar	aufbewaren
deitar	sich hinlegen	guiar	leiten
depender	abhängen	herdar	erben
descobrir (*eu descubro)	entdecken	homenagear	ehren
divertir-se (*divirto-me)	Spaß haben	humilhar	demütigen
dominar	beherrschen	ignorar	ignorieren
dormir (*eu durmo)	schlafen	igualar	ausgleichen
diminuir	vermindern	iluminar	beleuchten
dividir	teilen	imaginar	sich vorstellen
duvidar	bezweifeln	impedir (*eu impeço)	verhindern

incluir	einschließen	pensar	denken
iniciar	beginnen	perder (*eu perço)	verlieren
instruir	unterweisen	perguntar	fragen
introduzir	einführen	praticar	üben
investir (*eu invisto)	investieren	preferir (*eu prefiro)	bevorzugen
jantar	abendessen	produzir	herstellen
jogar	spielen	programar	programmieren
juntar	sammeln	receber	bekommen
justificar	rechtfertigen	reclamar	beklagen
lamentar	bedauern	refletir (*eu reflito)	nachdenken
lançar	werfen	rejeitar	ablehnen
largar	loslassen	repetir (*eu repito)	wiederholen
lavar	waschen	riscar	(aus)streichen
lembrar	erinnern	salvar	retten
levar	nehmen	servir (*eu sirvo)	dienen
ligar	anmachen	subir	hinaufsteigen
limpar	reinigen	sumir	verschwinden
livrar	befreien	telefonar	anrufen
lutar	kämpfen	tentar	versuchen
mandar	schicken	terminar	beenden
mentir (*eu minto)	lügen	tirar	herausziehen
merecer	verdienen	tocar	berühren
mexer	rühren	tomar	(zu sich) nehmen
misturar	mischen	trabalhar	arbeiten
mostrar	zeigen	traduzir	übersetzen
morar	wohnen	tratar	behandeln
mudar	ändern	tremer	zittern
nadar	schwimmen	trocar	wechseln
navegar	segeln	ultrapassar	überschreiten
negar	verneinen	unir	vereinigen
negociar	verhandeln	utilizar	benutzen
notar	bemerken	usar	verwenden
obedecer	gehorchen	vender	verkaufen
observar	beobachten	vestir (*eu visto)	anziehen
olhar	anschauen	viajar	verreisen
organizar	organisieren	visitar	besuchen
orientar	orientieren	viver	leben
pagar	zahlen	voar	fliegen

*diese Verben sind nur in der ersten Person Singular des Indikativ Präsens unregelmäßig.

Verbtabellen / Regelmäßige Verben

Indikativ Präsens

	falar sprechen	beber trinken	abrir öffnen
eu (ich)	fal**o**	beb**o**	abr**o**
você (du)	fal**a**	beb**e**	abr**e**
ele / ela (er / sie)	fal**a**	beb**e**	abr**e**
nós (wir)	fal**amos**	beb**emos**	abr**imos**
vocês (ihr)	fal**am**	beb**em**	abr**em**
eles / elas (sie) (m., f.)	fal**am**	beb**em**	abr**em**

*2. P. Sg. (veraltet) tu fal**as**, beb**es**, abr**es**

Indikativ Perfekt

	falar	beber	abrir
eu (ich)	fal**ei**	beb**i**	abr**i**
você (du)	fal**ou**	beb**eu**	abr**iu**
ele / ela (er / sie)	fal**ou**	beb**eu**	abr**iu**
nós (wir)	fal**amos**	beb**emos**	abr**imos**
vocês (ihr)	fal**aram**	beb**eram**	abr**iram**
eles / elas (sie) (m., f.)	fal**aram**	beb**eram**	abr**iram**

*2. P. Sg. (veraltet) tu fal**aste**, beb**este,** abr**iste**

Indikativ Imperfekt

	falar	beber	abrir
eu (ich)	fal**ava**	beb**ia**	abr**ia**
você (du)	fal**ava**	beb**ia**	abr**ia**
ele / ela (er / sie)	fal**ava**	beb**ia**	abr**ia**
nós (wir)	fal**ávamos**	beb**íamos**	abr**íamos**
vocês (ihr)	fal**avam**	beb**iam**	abr**iam**
eles / elas (sie) (m., f.)	fal**avam**	beb**iam**	abr**iam**

*2. P. Sg. (veraltet) tu fal**avas**, beb**ias,** abr**ias**

Indikativ Futur

	falar sprechen	beber trinken	abrir öffnen
eu (ich)	falar**ei**	beber**ei**	abrir**ei**
você (du)	falar**á**	beber**á**	abrir**á**
ele / ela (er / sie)	falar**á**	beber**á**	abrir**á**
nós (wir)	falar**emos**	beber**emos**	abrir**emos**
vocês (ihr)	falar**ão**	beber**ão**	abrir**ão**
eles / elas (sie) (m., f.)	falar**ão**	beber**ão**	abrir**ão**

*2. P. Sg. (veraltet) tu falar**ás**, beber**ás**, abrir**ás**

Konditional

	falar	beber	abrir
eu (ich)	falar**ia**	beber**ia**	abrir**ia**
você (du)	falar**ia**	beber**ia**	abrir**ia**
ele / ela (er / sie)	falar**ia**	beber**ia**	abrir**ia**
nós (wir)	falar**íamos**	beber**íamos**	abrir**íamos**
vocês (ihr)	falar**iam**	beber**iam**	abrir**iam**
eles / elas (sie) (m., f.)	falar**iam**	beber**iam**	abrir**iam**

*2. P. Sg. (veraltet) tu falar**ias**, beber**ias**, abrir**ias**

Einfaches Plusquamperfekt Indikativ

	falar	beber	abrir
eu (ich)	falar**a**	beber**a**	abrir**a**
você (du)	falar**a**	beber**a**	abrir**a**
ele / ela (er / sie)	falar**a**	beber**a**	abrir**a**
nós (wir)	falár**amos**	bebêr**amos**	abrír**amos**
vocês (ihr)	falar**am**	beber**am**	abrir**am**
eles / elas (sie) (m., f.)	falar**am**	beber**am**	abrir**am**

*2. P. Sg. (veraltet) tu falar**as**, beber**as**, abrir**as**

Zusammengesetztes Perfekt Indikativ

	fal**ar** sprechen	beb**er** trinken	part**ir** weggehen
eu (ich)	tenho falado	tenho bebido	tenho partido
você (du)	tem falado	tem bebido	tem partido
ele / ela (er / sie)	tem falado	tem bebido	tem partido
nós (wir)	temos falado	temos bebido	temos partido
vocês (ihr)	têm falado	têm bebido	têm partido
eles / elas (sie) (m., f.)	têm falado	têm bebido	têm partido

*2. P. Sg. (veraltet) tu tens falado, tens bebido, tens partido

Zusammengesetztes Plusquamperfekt Indikativ

	fal**ar**	beb**er**	part**ir**
eu (ich)	tinha falado	tinha bebido	tinha partido
você (du)	tinha falado	tinha bebido	tinha partido
ele / ela (er / sie)	tinha falado	tinha bebido	tinha partido
nós (wir)	tínhamos falado	tínhamos bebido	tínhamos partido
vocês (ihr)	tinham falado	tinham bebido	tinham partido
eles / elas (sie) (m., f.)	tinham falado	tinham bebido	tinham partido

*2. P. Sg. (veraltet) tu tinhas falado, tinhas bebido, tinhas partido

Konjunktiv Präsens

	falar sprechen	**beber** trinken	**abrir** öffnen
eu (ich)	fal**e**	beb**a**	abr**a**
você (du)	fal**e**	beb**a**	abr**a**
ele / ela (er / sie)	fal**e**	beb**a**	abr**a**
nós (wir)	fal**emos**	beb**amos**	abr**amos**
vocês (ihr)	fal**em**	beb**am**	abr**am**
eles / elas (sie) (m., f.)	fal**em**	beb**am**	abr**am**

*2. P. Sg. (veraltet) tu fal**es**, beb**as,** abr**as**

Konjunktiv Imperfekt

	fal**ar**	beb**er**	abr**ir**
eu (ich)	fal**asse**	beb**esse**	abr**isse**
você (du)	fal**asse**	beb**esse**	abr**isse**
ele / ela (er / sie)	fal**asse**	beb**esse**	abr**isse**
nós (wir)	fal**ássemos**	beb**êssemos**	abr**íssemos**
vocês (ihr)	fal**assem**	beb**essem**	abr**issem**
eles / elas (sie) (m., f.)	fal**assem**	beb**essem**	abr**issem**

*2. P. Sg. (veraltet) tu fal**asses**, beb**esses,** abr**isses**

Konjunktiv Futur

	fal**ar**	beb**er**	abr**ir**
eu (ich)	falar	beber	abrir
você (du)	falar	beber	abrir
ele / ela (er / sie)	falar	beber	abrir
nós (wir)	falar**mos**	beber**mos**	abri**rmos**
vocês (ihr)	falar**em**	beber**em**	abri**rem**
eles / elas (sie) (m., f.)	falar**em**	beber**em**	abri**rem**

*2. P. Sg. (veraltet) tu fal**ares**, beb**eres,** abr**ires**

Tabellen

Konjunktiv Perfekt

	fal**ar** sprechen	beb**er** trinken	part**ir** weggehen
eu (ich)	tenha falado	tenha bebido	tenha partido
você (du)	tenha falado	tenha bebido	tenha partido
ele / ela (er / sie)	tenha falado	tenha bebido	tenha partido
nós (wir)	tenhamos falado	tenhamos bebido	tenhamos partido
vocês (ihr)	tenham falado	tenham bebido	tenham partido
eles / elas (sie) (m., f.)	tenham falado	tenham bebido	tenham partido

*2. P. Sg. (veraltet) tu tenhas falado, tenhas bebido, tenhas partido

Konjunktiv Plusquamperfekt

	fal**ar**	beb**er**	part**ir**
eu (ich)	tivesse falado	tivesse bebido	tivesse partido
você (du)	tivesse falado	tivesse bebido	tivesse partido
ele / ela (er / sie)	tivesse falado	tivesse bebido	tivesse partido
nós (wir)	tivéssemos falado	tivéssemos bebido	tivéssemos partido
vocês (ihr)	tivessem falado	tivessem bebido	tivessem partido
eles / elas (sie) (m., f.)	tivessem falado	tivessem bebido	tivessem partido

*2. P. Sg. (veraltet) tu tivesses falado, tivesses bebido, tivesses partido

Konjunktiv Futur II

	falar sprechen	beber trinken	partir weggehen
eu (ich)	tiver falado	tiver bebido	tiver partido
você (du)	tiver falado	tiver bebido	tiver partido
ele / ela (er / sie)	tiver falado	tiver bebido	tiver partido
nós (wir)	tivermos falado	tivermos bebido	tivermos partido
vocês (ihr)	tiverem falado	tiverem bebido	tiverem partido
eles / elas (sie) (m., f.)	tiverem falado	tiverem bebido	tiverem partido

*2. P. Sg. (veraltet) tu tiveres falado, tiveres bebido, tiveres partido

Imperativ

	fal**ar**	beb**er**	part**ir**
eu (ich)	fale	beba	parta
você (du)	fale	beba	parta
ele / ela (er / sie)	fale	beba	parta
nós (wir)	falemos	bebamos	partamos
vocês (ihr)	falem	bebam	partam
eles / elas (sie) (m., f.)	falem	bebam	partam

*2. P. Sg. (umgangssprachlich): (tu) fala, bebe, parte

Gerundium

	fal**ar**	beb**er**	part**ir**
	fal**ando**	beb**endo**	part**indo**

Persönlicher Infinitiv

	fal**ar**	beb**er**	abr**ir**
eu (ich)	fal**ar**	beb**er**	abr**ir**
você (du)	fal**ar**	beb**er**	abr**ir**
ele / ela (er / sie)	fal**ar**	beb**er**	abr**ir**
nós (wir)	fal**armos**	beb**ermos**	abr**irmos**
vocês (ihr)	fal**arem**	beb**erem**	abr**irem**
eles / elas (sie) (m., f.)	fal**arem**	beb**erem**	abr**irem**

*2. P. Sg. (veraltet) tu fal**ares**, beb**eres,** abr**ires**

Verbtabellen

Regelmäßiges Partizip

fal**ar**	beb**er**	part**ir**
fal**ado**	beb**ido**	part**ido**

Unregelmäßige Partizipien

abrir	aberto	öffnen / geöffnet
cobrir	coberto	decken / gedeckt
descobrir	descoberto	entdecken / entdeckt
descrever	descrito	beschreiben / beschrieben
dizer	dito	sagen / gesagt
escrever	escrito	schreiben / geschrieben
fazer	feito	machen / gemacht
pôr	posto	stellen / gestellt
ver	visto	sehen / gesehen
vir	vindo	kommen / gekommen

Verben mit doppeltem Partizip

Die **unregelmäßige Form des Partizips** wird bei der Bildung des Passivs mit dem Verb ser gebraucht. Dasselbe gilt für die Verben estar, ficar, parecer und continuar. In diesem Fall richtet sich das Partizip in Geschlecht und Nummer nach dem Bezugswort. **Die regelmäßige Form** wird hingegen bei zusammengesetzten Zeiten mit dem Verb ter gebraucht und bleibt unverändert.

O time já tinha ganhado a competição antes do último jogo.
Die Mannschaft hatte den Wettkampf schon vor dem letzten Spiel gewonnen.

A competiçaõ foi ganha pelo time antes do último jogo.
Der Wettkampf wurde von der Mannschaft schon vor dem letzten Spiel gewonnen.

Verben mit doppeltem Partizip

aceitar	aceitado aceito	akzeptieren / akzeptiert
acender	acendido aceso	anzünden / angezündet
eleger	elegido eleito	wählen / gewählt
entregar	entregado entregue	liefern / geliefert
enxugar	enxugado enxuto	(ab)trocknen / (ab)getrocknet
exprimir	exprimido expresso	ausdrücken / ausgedrückt
expulsar	expulsado expulso	vertreiben / vertrieben
extinguir	extinguido extinto	(aus)löschen / (aus)gelöscht
ganhar	ganhado ganho	gewinnen / gewonnen
gastar	gastado gasto	ausgeben / ausgegeben
imprimir	imprimido impresso	drucken / gedruckt
limpar	limpado limpo	reinigen / gereinigt
matar	matado morto	töten / getötet
pagar	pagado pago	bezahlen / bezahlt
pegar	pegado pego	holen / geholt
prender	prendido preso	ergreifen / ergriefen
salvar	salvado salvo	retten / gerettet
soltar	soltado solto	befreien / befreit
suspeitar	suspeitado suspeito	vermuten / vermutet
suspender	suspendido suspenso	hochheben, absagen / hochgehoben, abgesagt

dar geben

Indikativ	Präsens	Perfekt	Imperfekt
eu (ich)	dou	dei	dava
você (du)	dá	deu	dava
ele / ela (er / sie)	dá	deu	dava
nós (wir)	damos	demos	dávamos
vocês (ihr)	dão	deram	davam
eles / elas (sie) (m., f.)	dão	deram	davam

*2. P. Sg. (veraltet) tu dás, deste, davas

Indikativ	Futur	Konditional	Plusquamperfekt
eu (ich)	darei	daria	dera
você (du)	dará	daria	dera
ele / ela (er / sie)	dará	daria	dera
nós (wir)	daremos	daríamos	déramos
vocês (ihr)	darão	dariam	deram
eles / elas (sie m ,f.)	darão	dariam	deram

*2. P. Sg. (veraltet) tu darás, darias, deras

Konjunktiv

	Präsens	Imperfekt	Futur
eu (ich)	dê	desse	der
você (du)	dê	desse	der
ele / ela (er / sie)	dê	desse	der
nós (wir)	demos	déssemos	dermos
vocês (ihr)	dêem	dessem	derem
eles / elas (sie) (m., f.)	dêem	dessem	derem

*2. P. Sg. (veraltet) tu dês, desses, deres

Partizip	dado	Gerundium	dando

Imperativ	Singular	dê / dá (ugs.)	Plural	dêem

dizer sagen

Indikativ	Präsens	Perfekt	Imperfekt
eu (ich)	digo	disse	dizia
você (du)	diz	disse	dizia
ele / ela (er / sie)	diz	disse	dizia
nós (wir)	dizemos	dissemos	dizíamos
vocês (ihr)	dizem	disseram	diziam
eles / elas (sie) (m., f.)	dizem	disseram	diziam

*2. P. Sg. (veraltet) tu dizes, disseste, dizias

Indikativ	Futur	Konditional	Plusquamperfekt
eu (ich)	direi	diria	dissera
você (du)	dirá	diria	dissera
ele / ela (er / sie)	dirá	diria	dissera
nós (wir)	diremos	diríamos	disséramos
vocês (ihr)	dirão	diriam	disseram
eles / elas (sie) (m., f.)	dirão	diriam	disseram

*2. P. Sg. (veraltet) tu dirás, dirias, disseras

Konjunktiv

	Präsens	Imperfekt	Futur
eu (ich)	diga	dissesse	disser
você (du)	diga	dissesse	disser
ele / ela (er / sie)	diga	dissesse	disser
nós (wir)	digamos	disséssemos	dissermos
vocês (ihr)	digam	dissessem	disserem
eles / elas (sie) (m., f.)	digam	dissessem	disserem

*2. P. Sg. (veraltet) tu digas, dissesses, disseres

Partizip	dito	Gerundium	dizendo

Imperativ	Singular	diga / diz (ugs.)	Plural	digam

estar sein

Indikativ	Präsens	Perfekt	Imperfekt
eu (ich)	estou	estive	estava
você (du)	está	esteve	estava
ele / ela (er / sie)	está	esteve	estava
nós (wir)	estamos	estivemos	estávamos
vocês (ihr)	estão	estiveram	estavam
eles / elas (sie) (m., f.)	estão	estiveram	estavam

*2. P. Sg. (veraltet) tu estás, estiveste, estavas

Indikativ	Futur	Konditional	Plusquamperfekt
eu (ich)	estarei	estaria	estivera
você (du)	estará	estaria	estivera
ele / ela (er / sie)	estará	estaria	estivera
nós (wir)	estaremos	estaríamos	estivéramos
vocês (ihr)	estarão	estariam	estiveram
eles / elas (sie) (m., f.)	estarão	estariam	estiveram

*2. P. Sg. (veraltet) tu estarás, estarias, estiveras

Konjunktiv

	Präsens	Imperfekt	Futur
eu (ich)	esteja	estivesse	estiver
você (du)	esteja	estivesse	estiver
ele / ela (er / sie)	esteja	estivesse	estiver
nós (wir)	estejamos	estivéssemos	estivermos
vocês (ihr)	estejam	estivessem	estiverem
eles / elas (sie) (m., f.)	estejam	estivessem	estiverem

*2. P. Sg. (veraltet) tu estejas, estivesses, estiveres

Partizip	estado	Gerundium	estando

Imperativ	Singular	esteja / está (ugs.)	Plural	estejam

fazer machen

Indikativ	Präsens	Perfekt	Imperfekt
eu (ich)	faço	fiz	fazia
você (du)	faz	fez	fazia
ele / ela (er / sie)	faz	fez	fazia
nós (wir)	fazemos	fizemos	fazíamos
vocês (ihr)	fazem	fizeram	faziam
eles / elas (sie) (m., f.)	fazem	fizeram	faziam

*2. P. Sg. (veraltet) tu fazes, fizeste, fazias

Indikativ	Futur	Konditional	Plusquamperfekt
eu (ich)	farei	faria	fizera
você (du)	fará	faria	fizera
ele / ela (er / sie)	fará	faria	fizera
nós (wir)	faremos	faríamos	fizéramos
vocês (ihr)	farão	fariam	fizeram
eles / elas (sie) (m., f.)	farão	fariam	fizeram

*2. P. Sg. (veraltet) tu farás, farias, fizeras

Konjunktiv

	Präsens	Imperfekt	Futur
eu (ich)	faça	fizesse	fizer
você (du)	faça	fizesse	fizer
ele / ela (er / sie)	faça	fizesse	fizer
nós (wir)	façamos	fizéssemos	fizermos
vocês (ihr)	façam	fizessem	fizeram
eles / elas (sie) (m., f.)	façam	fizessem	fizeram

*2. P. Sg. (veraltet) tu faças, fizesses, fizeres

Partizip	feito	Gerundium	fazendo

Imperativ	Singular	faça / faz (ugs.)	Plural	façam

Tabellen

ir gehen

Indikativ	Präsens	Perfekt	Imperfekt
eu (ich)	vou	fui	ia
você (du)	vai	foi	ia
ele / ela (er / sie)	vai	foi	ia
nós (wir)	vamos	fomos	íamos
vocês (ihr)	vão	foram	iam
eles / elas (sie) (m., f.)	vão	foram	iam

*2. P. Sg. (veraltet) tu vais, foste, ias

Indikativ	Futur	Konditional	Plusquamperfekt
eu (ich)	irei	iria	fora
você (du)	irá	iria	fora
ele / ela (er / sie)	irá	iria	fora
nós (wir)	iremos	iríamos	fôramos
vocês (ihr)	irão	iriam	foram
eles / elas (sie) (m., f.)	irão	iriam	foram

*2. P. Sg. (veraltet) tu irás, irias, foras

Konjunktiv

	Präsens	Imperfekt	Futur
eu (ich)	vá	fosse	for
você (du)	vá	fosse	for
ele / ela (er / sie)	vá	fosse	for
nós (wir)	vamos	fôssemos	formos
vocês (ihr)	vão	fossem	forem
eles / elas (sie) (m., f.)	vão	fossem	forem

*2. P. Sg. (veraltet) tu vás, fosses, fores

Partizip	ido	Gerundium	indo

Imperativ	Singular	vá /vai (ugs.)	Plural	vão

ler lesen

Indikativ	Präsens	Perfekt	Imperfekt
eu (ich)	leio	li	lia
você (du)	lê	leu	lia
ele / ela (er / sie)	lê	leu	lia
nós (wir)	lemos	lemos	líamos
vocês (ihr)	lêem	leram	liam
eles / elas (sie) (m., f.)	lêem	leram	liam

*2. P. Sg. (veraltet) tu lês, leste, lias

Indikativ	Futur	Konditional	Plusquamperfekt
eu (ich)	lerei	leria	lera
você (du)	lerá	leria	lera
ele / ela (er / sie)	lerá	leria	lera
nós (wir)	leremos	leríamos	lêramos
vocês (ihr)	lerão	leriam	leram
eles / elas (sie) (m., f.)	lerão	leriam	leram

*2. P. Sg. (veraltet) tu lerás, lerias, leras

Konjunktiv

	Präsens	Imperfekt	Futur
eu (ich)	leia	lesse	ler
você (du)	leia	lesse	ler
ele / ela (er / sie)	leia	lesse	ler
nós (wir)	leiamos	lêssemos	lermos
vocês (ihr)	leiam	lessem	lerem
eles / elas (sie) (m., f.)	leiam	lessem	lerem

*2. P. Sg. (veraltet) tu leias, lesses, leres

Partizip	lido	Gerundium	lendo

Imperativ	Singular	leia / lê (ugs.)	Plural	leiam

Tabellen

poder können

Indikativ	Präsens	Perfekt	Imperfekt
eu (ich)	posso	pude	podia
você (du)	pode	pôde	podia
ele / ela (er / sie)	pode	pôde	podia
nós (wir)	podemos	pudemos	podíamos
vocês (ihr)	podem	puderam	podiam
eles / elas (sie) (m., f.)	podem	puderam	podiam

*2. P. Sg. (veraltet) tu podes, pudeste, podias

Indikativ	Futur	Konditional	Plusquamperfekt
eu (ich)	poderei	poderia	pudera
você (du)	poderá	poderia	pudera
ele / ela (er / sie)	poderá	poderia	pudera
nós (wir)	poderemos	poderíamos	pudéramos
vocês (ihr)	poderão	poderiam	puderam
eles / elas (sie) (m., f.)	poderão	poderiam	puderam

*2. P. Sg. (veraltet) tu poderás, poderias, puderas

Konjunktiv

	Präsens	Imperfekt	Futur
eu (ich)	possa	pudesse	puder
você (du)	possa	pudesse	puder
ele / ela (er / sie)	possa	pudesse	puder
nós (wir)	possamos	pudéssemos	pudermos
vocês (ihr)	possam	pudessem	puderem
eles / elas (sie) (m., f.)	possam	pudessem	puderem

*2. P. Sg. (veraltet) tu possas, pudesses, puderes

Partizip	podido	Gerundium	podendo

Imperativ	Singular	possa / pode (ugs.)	Plural	possam

pôr stellen

Indikativ	Präsens	Perfekt	Imperfekt
eu (ich)	ponho	pus	punha
você (du)	põe	pôs	punha
ele / ela (er / sie)	põe	pôs	punha
nós (wir)	pomos	pusemos	púnhamos
vocês (ihr)	põem	puseram	punham
eles / elas (sie) (m., f.)	põem	puseram	punham

*2. P. Sg. (veraltet) tu pões, puseste, punhas

Indikativ	Futur	Konditional	Plusquamperfekt
eu (ich)	porei	poria	pusera
você (du)	porá	poria	pusera
ele / ela (er / sie)	porá	poria	pusera
nós (wir)	poremos	poríamos	puséramos
vocês (ihr)	porão	poriam	puseram
eles / elas (sie) (m., f.)	porão	poriam	puseram

*2. P. Sg. (veraltet) tu porás, porias, puseras

Konjunktiv

	Präsens	Imperfekt	Futur
eu (ich)	ponha	pusesse	puser
você (du)	ponha	pusesse	puser
ele / ela (er / sie)	ponha	pusesse	puser
nós (wir)	ponhamos	puséssemos	pusermos
vocês (ihr)	ponham	pusessem	puserem
eles / elas (sie) (m., f.)	ponham	pusessem	puserem

*2. P. Sg. (veraltet) tu ponhas, tu pusesses, tu puseres

Partizip	posto	Gerundium	pondo

Imperativ	Singular	ponha / põe (ugs.)	Plural	ponham

querer wollen

Indikativ	Präsens	Perfekt	Imperfekt
eu (ich)	quero	quis	queria
você (du)	quer	quis	queria
ele / ela (er / sie)	quer	quis	queria
nós (wir)	queremos	quisemos	queríamos
vocês (ihr)	querem	quiseram	queriam
eles / elas (sie) (m., f.)	querem	quiseram	queriam

*2. P. Sg. (veraltet) tu queres, quiseste, querias

Indikativ	Futur	Konditional	Plusquamperfekt
eu (ich)	quererei	quereria	quisera
você (du)	quererá	quereria	quisera
ele / ela (er / sie)	quererá	quereria	quisera
nós (wir)	quereremos	quereríamos	quiséramos
vocês (ihr)	quererão	quereriam	quiseram
eles / elas (sie) (m., f.)	quererão	quereriam	quiseram

*2. P. Sg. (veraltet) tu quererás, quererias, quiseras

Konjunktiv

	Präsens	Imperfekt	Futur
eu (ich)	queira	quisesse	quiser
você (du)	queira	quisesse	quiser
ele / ela (er / sie)	queira	quisesse	quiser
nós (wir)	queiramos	quiséssemos	quisermos
vocês (ihr)	queiram	quisessem	quiserem
eles / elas (sie) (m., f.)	queiram	quisessem	quiserem

*2. P. Sg. (veraltet) tu queiras, quissesses, quiseres

Partizip	querido	Gerundium	querendo

Imperativ	Singular	queira / quer (ugs.)	Plural	queiram

Tabellen

saber wissen / können

Indikativ	Präsens	Perfekt	Imperfekt
eu (ich)	sei	soube	sabia
você (du)	sabe	soube	sabia
ele / ela (er / sie)	sabe	soube	sabia
nós (wir)	sabemos	soubemos	sabíamos
vocês (ihr)	sabem	souberam	sabiam
eles / elas (sie) (m., f.)	sabem	souberam	sabiam

*2. P. Sg. (veraltet) tu sabias, soubeste, sabias

Indikativ	Futur	Konditional	Plusquamperfekt
eu (ich)	saberei	saberia	soubera
você (du)	saberá	saberia	soubera
ele / ela (er / sie)	saberá	saberia	soubera
nós (wir)	saberemos	saberíamos	soubéramos
vocês (ihr)	saberão	saberiam	souberam
eles / elas (sie) (m., f.)	saberão	saberiam	souberam

*2. P. Sg. (veraltet) tu saberás, saberias, souberas

Konjunktiv

	Präsens	Imperfekt	Futur
eu (ich)	saiba	soubesse	souber
você (du)	saiba	soubesse	souber
ele / ela (er / sie)	saiba	soubesse	souber
nós (wir)	saibamos	soubéssemos	soubermos
vocês (ihr)	saibam	soubessem	souberem
eles / elas (sie) (m., f.)	saibam	soubessem	souberem

*2. P. Sg. (veraltet) tu saibas, soubesses, souberes

Partizip	sabido	Gerundium	sabendo

Imperativ	Singular	saiba / sabe (ugs.)	Plural	saibam

ser sein

Indikativ	Präsens	Perfekt	Imperfekt
eu (ich)	sou	fui	era
você (du)	é	foi	era
ele / ela (er / sie)	é	foi	era
nós (wir)	somos	fomos	éramos
vocês (ihr)	são	foram	eram
eles / elas (sie) (m., f.)	são	foram	eram

*2. P. Sg. (veraltet) tu és, foste, ias

Indikativ	Futur	Konditional	Plusquamperfekt
eu (ich)	serei	seria	fora
você (du)	será	seria	fora
ele / ela (er / sie)	será	seria	fora
nós (wir)	seremos	seríamos	fôramos
vocês (ihr)	serão	seriam	foram
eles / elas (sie m ,f.)	serão	seriam	foram

*2. P. Sg. (veraltet) tu serás, serias, foras

Konjunktiv

	Präsens	Imperfekt	Futur
eu (ich)	seja	fosse	for
você (du)	seja	fosse	for
ele / ela (er / sie)	seja	fosse	for
nós (wir)	sejamos	fôssemos	formos
vocês (ihr)	sejam	fossem	forem
eles / elas (sie) (m., f.)	sejam	fossem	forem

*2. P. Sg. (veraltet) tu sejas, fosses, fores

Die Formen des Perfekts, des Plusquamperfekt Indikativ sowie des Imperfekts und Futur Konjunktiv der Verben ser und ir sind die gleichen.

Partizip	sido	Gerundium	sendo

Imperativ	Singular	seja / sê (ugs.)	Plural	sejam

ter haben

Indikativ	Präsens	Perfekt	Imperfekt
eu (ich)	tenho	tive	tinha
você (du)	tem	teve	tinha
ele / ela (er / sie)	tem	teve	tinha
nós (wir)	temos	tivemos	tínhamos
vocês (ihr)	têm	tiveram	tinham
eles / elas (sie) (m., f.)	têm	tiveram	tinham

*2. P. Sg. (veraltet) tu tens, tiveste, tinhas

Indikativ	Futur	Konditional	Plusquamperfekt
eu (ich)	terei	teria	tivera
você (du)	terá	teria	tivera
ele / ela (er / sie)	terá	teria	tivera
nós (wir)	teremos	teríamos	tivéramos
vocês (ihr)	terão	teriam	tiveram
eles / elas (sie) (m., f.)	terão	teriam	tiveram

*2. P. Sg. (veraltet) tu terás, terias, tiveras

Konjunktiv

	Präsens	Imperfekt	Futur
eu (ich)	tenha	tivesse	tiver
você (du)	tenha	tivesse	tiver
ele / ela (er / sie)	tenha	tivesse	tiver
nós (wir)	tenhamos	tivéssemos	tivermos
vocês (ihr)	tenham	tivessem	tiverem
eles / elas (sie) (m., f.)	tenham	tivessem	tiverem

*2. P. Sg. (veraltet) tu tenhas, tivesses, tiveres

Partizip	tido	Gerundium	tendo

Imperativ	Singular	tenha / tem (ugs.)	Plural	tenham

trazer bringen

Indikativ	Präsens	Perfekt	Imperfekt
eu (ich)	trago	trouxe	trazia
você (du)	traz	trouxe	trazia
ele / ela (er / sie)	traz	trouxe	trazia
nós (wir)	trazemos	trouxemos	trazíamos
vocês (ihr)	trazem	trouxeram	traziam
eles / elas (sie) (m., f.)	trazem	trouxeram	traziam

*2. P. Sg. (veraltet) tu trazes, trouxeste, trazias

Indikativ	Futur	Konditional	Plusquamperfekt
eu (ich)	trarei	traria	trouxera
você (du)	trará	traria	trouxera
ele / ela (er / sie)	trará	traria	trouxera
nós (wir)	traremos	traríamos	trouxéramos
vocês (ihr)	trarão	trariam	trouxeram
eles / elas (sie) (m., f.)	trarão	trariam	trouxeram

*2. P. Sg. (veraltet) tu trarás, trarias, trouxeras

Konjunktiv

	Präsens	Imperfekt	Futur
eu (ich)	traga	trouxesse	trouxer
você (du)	traga	trouxesse	trouxer
ele / ela (er / sie)	traga	trouxesse	trouxer
nós (wir)	tragamos	trouxéssemos	trouxermos
vocês (ihr)	tragam	trouxessem	trouxerem
eles / elas (sie) (m., f.)	tragam	trouxessem	trouxerem

*2. P. Sg. (veraltet) tu tragas, trouxesses, trouxeres

Partizip	trazido	Gerundium	trazendo

Imperativ	Singular	traga / traz (ugs.)	Plural	tragam

Tabellen

ver sehen

Indikativ	Präsens	Perfekt	Imperfekt
eu (ich)	vejo	vi	via
você (du)	vê	viu	via
ele / ela (er / sie)	vê	viu	via
nós (wir)	vemos	vimos	víamos
vocês (ihr)	vêem	viram	viam
eles / elas (sie m ,f.)	vêem	viram	viam

*2. P. Sg. (veraltet) tu vês, viste, vias

Indikativ	Futur	Konditional	Plusquamperfekt
eu (ich)	verei	veria	vira
você (du)	verá	veria	vira
ele / ela (er / sie)	verá	veria	vira
nós (wir)	veremos	veríamos	víramos
vocês (ihr)	verão	veriam	viram
eles / elas (sie) (m., f.)	verão	veriam	viram

*2. P. Sg. (veraltet) tu verás, verias, viras

Konjunktiv

	Präsens	Imperfekt	Futur
eu (ich)	veja	visse	vir
você (du)	veja	visse	vir
ele / ela (er / sie)	veja	visse	vir
nós (wir)	vejamos	víssemos	virmos
vocês (ihr)	vejam	vissem	virem
eles / elas (sie) (m., f.)	vejam	vissem	virem

*2. P. Sg. (veraltet) tu vejas, visses, vires

Partizip	visto	Gerundium	vendo

Imperativ	Singular	veja / vê (ugs.)	Plural	vejam

vir kommen

Indikativ	Präsens	Perfekt	Imperfekt
eu (ich)	venho	vim	vinha
você (du)	vem	veio	vinha
ele / ela (er / sie)	vem	veio	vinha
nós (wir)	vimos	viemos	vínhamos
vocês (ihr)	vêm	vieram	vinham
eles / elas (sie) (m., f.)	vêm	vieram	vinham

*2. P. Sg. (veraltet) tu vens, vieste, vinhas

Indikativ	Futur	Konditional	Plusquamperfekt
eu (ich)	virei	viria	viera
você (du)	virá	viria	viera
ele / ela (er / sie)	virá	viria	viera
nós (wir)	viremos	viríamos	viéramos
vocês (ihr)	virão	viriam	vieram
eles / elas (sie m ,f.)	virão	viriam	vieram

*2. P. Sg. (veraltet) tu virás, virias, vieras

Konjunktiv

	Präsens	Imperfekt	Futur
eu (ich)	venha	viesse	vier
você (du)	venha	viesse	vier
ele / ela (er / sie)	venha	viesse	vier
nós (wir)	venhamos	viéssemos	viermos
vocês (ihr)	venham	viessem	vierem
eles / elas (sie) (m., f.)	venham	viessem	vierem

*2. P. Sg. (veraltet) tu venhas, viesses, vieres

Partizip	vindo	Gerundium	vindo

Imperativ	Singular	venha / vem (ugs.)	Plural	venham

Aussprache

A1 Aussprache: Alphabet und Vokale

1 1. E • 2. N • 3. O • 4. H • 5. X • 6. V • 7. B • 8. U • 9. M • 10. C • 11. L • 12. D • 13. G • 14. T • 15. F • 16. S • 17. J • 18. P • 19. I • 20. R • 21. A • 22. Z • 23. Q

2 offen: c**a**da, t**e**se, b**o**ta, cam**a** • geschlossen: m**a**nhã, c**a**ma, met**e**r, **o**vo, **o**uro, **o**utro

3 1. **on**tem 2. **o**utro 3. t**e**se 4. **e**scapar 5. m**a**nhã 6. p**o**r 7. fas**e** 8. n**o**vo 9. m**e**nino 10. pér**o**la 11. m**e**ter 12. b**o**ta, 13. tud**o** 14. **u**rubu 15. v**i**la

A2 Aussprache: Konsonanten von c bis r

1 1. **h**onra 2. **qu**ero 3. **j**ornal 4. **p**rata 5. **h**ora 6. **b**urro 7. **d**inheiro 8. **r**ato 9. **c**omo 10. **p**artir 11. **m**ulher 12. **c**idade 13. **c**aro 14. **m**ilho 15. **ch**ave 16. **t**ranqüilo 17. **g**irar 18. **g**ato 19. **t**enho 20. **g**rande 21. **q**uase 22. **t**empo 23. **B**rasil 24. **l**ingüiça 25. **gu**ia 26. **t**arde

2 Leicht gerolltes Zungen-**r**: 1. bruto 4. caro 6. branco 7. embora • stimmloses Zäpfchen-**r**: 2. barro 3. rabo 5. marchar 8. genro

3 1. **c**rer 2. **ch**amam 3. **d**ívida 4. mor**d**e 5. í**n**dio 6. ca**l**mo 7. la**r**gar 8. o**n**de 9. **c**éu 10. a**ç**úcar 11. **g**ente 12. ma**g**ro 13. **h**erói 14. **lh**ama 15. a**l**ma 16. u**r**ubu 17. ma**nh**ã 18. sozi**nh**o

3 1. **gu**ia 2. ar**gü**ição 3. **qu**ero 4. **qu**ilo 5. **gu**itarra 6. cin**qü**enta 7. **gu**erra 8. **qu**ente 9. tran**qü**ilo 10. a**gü**entar 11. fre**qü**entar 12. a**qu**i

A3 Aussprache: Konsonanten von s bis z

2 schwaches **t** gefolgt vom deutschen **sch**: 4. tes**t**e 5. eli**t**e 7. **t**io • normales **t** : 2. exa**t**o 3. **t**este 6. pas**t**o 8. **t**áxi

3 [s] wie in la**ss**en: sim, passeio, absurdo, atrás, pasto • [z] wie in le**s**en: tese, desde, mesa

4 1. **z**ona 2. di**sc**iplina 3. dí**v**ida 4. de**s**de 5. pa**s**to 6. **t**udo 7. e**x**ato 8. de**sc**er 9. li**x**o 10. o**v**o 11. ga**t**o 12. tá**x**i

A4 Aussprache und Diphthonge

1 A • C • E • F

3 1.an**õe**s 2.can**ção** 3. m**ão** 4.carac**ói**s 5. past**éi**s 6. az**ui**s 7. c**éu** 8. danç**am** 9. alem**ãe**s 10. sab**em** 11. p**au** 12. r**iu**

Wortschatz

W1 Persönliche Angaben

1 1. peso 2. altura 3. nome 4. data de nascimento 5. local de nascimento 6. número de telefone 7. país de origem 8. endereço eletrônico

2 Aussehen: moreno, feio, gordo, alto, baixo, magro, careca, velho • Charaktereigenschaften: engraçado, convencido, simpático, curioso, amável, bobo, preguiçoso

3 1. AC • 2. BD • 3. AC

W2 Berufe / Arbeitsorte

1 1. C • 2. D • 3. A • 4. B

2 1. garçonete 2. diretora 3. enfermeiro 4. gerente 5. mulher de negócios 6. atriz 7. policial 8. vendedor

3 1. cabeleireiro, -a 2. escritor, -a 3. padeiro, -a 4. farmacêutico, -a

4 1. B • 2. C • 3. B • 4. A • 5. C • 6. A

W3 Länder / Nationalitäten / Sprachen

1 1. B • 2. C • 3. A

2 1. E • 2. C • 3. D • 4. B • 5. A

3 1. espanhol 2. português 3. os franceses / os canadenses 4. os holandeses 5. os espanhóis / os argentinos / os bolivianos / os chilenos / os colombianos / os cubanos / os mexicanos /os paraguaios / (u.a.) 6. português 7. os portugueses / os brasileiros / os moçambicanos / os angolanos / os caboverdianos / (u. a.) 8. inglês / francês

4. Alemanha, alemã, alemão 2. Itália, italiano, italiano 3. Cabo Verde, caboverdiana, português 4. França, francês, francês 5. Espanha, espanhol, espanhol 6. Cuba, cubano, espanhol 7. Estados Unidos, americana, inglês 8. Brasil, brasileiro, português

W4 Familie

1 1. mãe 2. nora 3. irmão 4. mulher / esposa 5. avô 6. tia 7. sogra 8. neto 9. filha

2 1. irmão 2. avô 3. primo 4. sogra 5. irmãos 6. tia

3 1. casado 2. viúvo 3. separada 4. casada

4 1. C • 2. A • 3. B

W5 Freizeit / Hobbys

1 1. cantar 2. viajar 3. nadar 4. caminhar pelas montanhas 5. jogar basquete 6. ler 7. dançar 8. pintar 9. fazer cooper 10. assistir a uma partida de futebol

2 1. AEG • 2. BD • 3. CFH

3 1. B • 2. B • 3. C • 4. B • 5. A • 6. C

W6 Zahlen

1 2: dois, duas, segundo, segunda 3: três, terceiro, terceira 4: quatro, quarto, quarta 5: cinco, quinto, quinta 6: seis, sexto, sexta 7: sete, sétimo, sétima 8: oito, oitavo, oitava 9: nove, nono, nona

2 1. um, zero, quatro, três 2. oito, nove, dois, seis, sete

3 1. 12 2. 19 3. 15 4. 17 5. 11 6. 18 7. 13 8. 14 9. 16

4 1. nono 2. terceira 3. quinta 4. décimo

5 1. cinqüenta e sete 2. sessenta e oito 3. duzentos e quarenta e seis 4. quinhentos e vinte e nove

W7 Zeitangaben

1 1. setembro, outubro, novembro 2. dezembro, janeiro, fevereiro 3. março, abril, maio 4. junho, julho, agosto

2 1. D • 2. A • 3. B • 4. C

3 1. catorze horas / duas horas (em ponto) 2. oito (horas) e trinta (minutos) / oito e meia 3. doze (horas) e cinqüenta (minutos) / dez para a uma

4 1. manhã 2. amanhã 3. às vezes 4. anteontem

W8 In der Stadt

1 1. D • 2. C • 3. B • 4. A

2 1. supermercado 2. sapataria 3. padaria 4. loja de brinquedos 5. livraria 6. loja de roupas 7. loja de artigos esportivos 8. açougue

3 1. Igreja 2. Monumento 3. Praça 4. Parque 5. Museu 6. Praia

W9 Restaurant / Speisen und Getränke

1 1. restaurante 2. pagar 3. talher 4. mesa

2 sobremesas: sorvete, mousse de maracujá, torta • bebidas não alcoólicas: suco, guaraná, água mineral • bebidas alcoólicas: caipirinha, cachaça, vinho

3 1. cachaça 2. churrascaria 3.comida 4. suco 5. garçom 6. sopa 7. sobremesa 8. cardápio 9. café 10. talheres

W10 Lebensmittel / Mengenangaben

1 1. sal 2. litro 3. frango 4. carne

2 1. açúcar 2. pão 3. manteiga 4. leite 5. alface 6. queijo 7. farinha 8. requeijão

3 (1) feijão (2) tomates (3) cebola (4) pimentão (5) alho (6) manteiga (7) sal (8) pimenta (9) carne de boi (10) calabresa (11) carne de porco

W11 Kleidung / Farben

1 1. calças, blusa, meias, camisa, cueca 2. elegante, esportivo, chique, na moda 3. brincos, cinto, anel, relógio

2 1. preta 4. azul 5. vermelhos 6. verdes

3 1. usar 2. calçar 3. vestir 4. calçar 5. vestir 6. usar

4 1. sapatos 2. saia 3. calças 4. óculos de sol 5. terno 6. chapéu 7. vestido 8. anel 9. cinto 10. sandálias

W12 Wohnen

1 1. mesa 2. televisão 3. computador 4. torneira

2 1. quarto 2. cozinha 3. garagem 4. banheiro

3 1. apartamento, cômodos 2. quarto 3. cama, armário 4. escritório, mesa, computador 5. sala de estar, varanda

4 cadeira, mesa, armário, cama, abajur, quadro, cortina, ar-condicionado, telefone, televisão, chuveiro, torneira, banheira, pia, espelho, roupa de cama, sofá, ventilador

W13 Verkehr

1 1. B • 2. A • 3. B • 4. A

2 1. bicicleta 2. navio 3. carro 4. trem 5. helicóptero 6. avião

3 1. C • 2. E • 3. B • 4. A

4 1. bilhete, multa 2. ponto de ônibus 3. subir 4. motorista 5. pára, sair

W14 Körper / Hygiene / Gesundheit

1 1. nariz, boca, dentes, lábios 2. orelhas, mão, braço, pé, barriga, ombros

2 1. testa 2. sobrancelhas 3. olhos 4. orelhas 5. pescoço 6. peito 7. dedos 8. joelhos

3 1. C • 2. D • 3. B • 4. E • 5. A

4 1. cabeça 2. dentes 3. febre 4. barriga 5. doente 6. saudável

W15 Verben

1 1. vender 2. vir 3. acordar 4. descansar 5. responder 6. odiar

2 1. amar 2. poder 3. querer 4. trabalhar 5. ver 6. ir 7. entender 8. fazer

3

u	u	s	r	s	x	r	x	y	e	s	p	e	r	a	r
r	y	p	e	n	s	a	r	z	j	o	j	y	q	u	e
a	a	u	b	b	n	h	p	r	a	r	u	c	o	r	p
d	a	t	a	y	v	l	n	m	l	r	k	g	v	u	i
n	u	ç	s	p	w	a	s	r	a	i	d	o	m	e	r
a	y	e	p	o	o	b	b	s	h	r	k	h	z	e	r
ç	r	ç	i	d	g	a	p	e	r	g	u	n	t	a	r
u	p	q	u	e	y	r	d	e	s	c	a	n	s	a	r
f	a	z	e	r	c	t	x	h	m	v	r	a	h	c	a

Grammatik

G1 Bestimmter und unbestimmter Artikel / Verschmelzung mit Präpositionen

1 1. a 2. o 3. a 4. os 5. os 6. o 7. as 8. a 9. as 10. a 11. o 12. o

2 1. uns 2. um 3. uns 4. uma 5. umas 6. uns 7. um 8. uns 9. umas 10. um 11. umas 12. uma

3 1. na 2. duma / de uma 3. ao 4. pela 5. numa / em uma 6. da 7. nos 8. pelos 9. nuns / em uns 10. na

G2 Das Substantiv - Geschlecht

1 1. o 2. o / a 3. o 4. o 5. a 6. a 7. o 8. o 9. o 10. a

2 1. o espanhol 2. a japonesa 3. o alemão 4. a colega 5. o senhor 6. a cantora 7. a doente 8. a médica 9. a menina 10. a especialista

3 3. o, a artista 4. o, – 5. o, – 6. a, o jogador 7. o , – 8. a , – 9. a, o diretor 10. o, a taxista

G3 Das Adjektiv: Stellung / Geschlecht

1 1. branca 2. esperta 3. animada 4. vadio 5. romântico 6. fresca 7. profundo

2 4. O doutor alemão 5. O ator famoso 7. A professora portuguesa 8. Um cachorro bravo 9. Um aluno esperto

3 1. exótico 2. secreto 3. venenosa 4. feroz 5. longo

G4 Das Adjektiv: Steigerungsformen

1 2. lindíssimo 3. ótimo 4. caríssimo 5. máximo / grandíssimo 6. velhíssimo 7. verdíssimo 8. moderníssimo 9. saborosíssimo 10. conhecidíssimo

2 2. o menor 3. o melhor 4. os mais caros 5. o maior 6. o mais branco 7. o mais verde 8. os mais modernos 9. o mais saboroso 10. as mais conhecidas

3 2. tão saboroso quanto / como 3. menos conhecido (do) que 4. tão branco quanto / como 5. mais caro (do) que 6. tão bom quanto / como 7. tão moderno quanto / como 8. mais verde (do) que 9. menor (do) que 10. mais bonito (do) que

G5 Die Bildung des Plurals bei Substantiven und Adjektiven

1 1. C (automóv**eis**) • 2. B (filha**s**) • 3. F (re**ais**) • 4. E (alem**ães**) • 5.D (fi**ns**) • 6. A (coraç**ões**) • 7. G (can**is**)

2 1. os lápis 2. infelizes 3. os autores 4. bons 5. infantis 6. os girassóis 7. os aviões 8. as competições 9. ingleses 10. continentais

3 1. os sóis amarelos. 2. os pais (m.) cuidadosos. 3. as mães felizes. 4. os carros alemães 5. as paisagens floridas 6. os meus aviões 7. as competições difíceis 8. os franceses bondosos 9. os livros bonitos 10. umas pessoas especiais 11. os meninos felizes 12. as comidas saborosas 13. as nossas vidas

G6 Das Adverb: Abgeleitete Adverbien und ursprüngliche Formen

1 1. cristãmente 2. tranqüilamente 3. bem 4. carinhosamente 5. seriamente 6. felizmente 7. rapidamente 8. lentamente 9. cortesmente 10. mal

2 1. lentamente 2. corretamente 3. elegantemente 4. lindamente 5. rapidamente 6. profundamente 7. perigosamente

3 1. vagarosamente 2. velozmente 3. cedo 4. tarde 5. alto 6. perigosamente 7. pouco 8. assustadoramente 9. graciosamente 10. majestosamente.

G7 Die Personalpronomen und die Anrede

1 1. Dona, a senhora 2. Você, eu 3. Seu, O senhor 4. Ele, Você 5. Ela, a senhora, Dona 6. você

2 Dona, a senhora,eu, a 2. Seu / Senhor, o senhor, me 3. Vocês, conosco / ugs. com a gente, nós 4. Eu, com ele, Ele 5. me, Ela, comigo 6. Dona, você, o / a / ugs. te 7. As senhoras, Eu, as senhoras / ugs. vocês 8. Eu, lhe / ugs. te, mim 9. Eles, nos 10. Nós, vocês

G8 Die Reflexivpronomen: Formen und Stellung im Satz

1 1. me 2. se 3. se 4. nos 5. me 6. se 7. nos 8. se 9. se 10. se 11. nos

2 1. Ela se apaixona facilmente. 2. Nós nos machucamos muito. 3. Ele se tranca no escritório. 4. Ela se pergunta o que fazer nessa situação. 5. Vocês se levantam sempre tarde. 6. Nós nos comunicamos por e-mail.

G9 Possessivpronomen / Übersicht und Gebrauch

1 1. (o) meu 2. (o) seu 3. (o) nosso 4. dele 5. dela 6. deles / delas 7. a nossa 8. de vocês 9. (os) meus 10. dela

2 1. do senhor 2. da senhora 3. de você 4. de vocês 5. dele 6. da gente 7. deles 8. delas

3 1. nossos 2. dele 3. suas 4. minha 5. Minha, sua

G10 Demonstrativpronomen: Formen und Gebrauch

1 1. Este 2. Esta 3. Aquela 4. Isso 5. Aquele 6. Essa 7. Este / Esse 8. Aquela

2 1. Neste 2. desta / dessa 3. deste 4. disto / disso 5. daquele 6. àquela 7. nesta

3 1. esta, naquela 2. Estas, dessa 3. disso 4. Estas, naquele

G11 Relativpronomen / Formen und Gebrauch

1 1. O menino que eu conheço. 2. A rua que era tranqüila. 3. A gata, a qual não gosta de ratos. 4. O caminho, o qual não termina. 5. Perguntas que não têm respostas. 6. As famílias que chegam amanhã.

2 1. cujo 2. cujas 3. as quais 4. cujos 5. que 6. que 7. quem 8. quanto 9. cujo

G12 Die Interrogativpronomen und Indefinitpronomen

1 1. quem 2. Quanto 3. Quais 4. Como 5. Quantas 6. Aonde 7. Para que 8. De onde

2 1. muita comida 2. alguns dias 3. tanta pressa 4. nenhuma amiga 5. ambas as 6. várias propostas 7. algumas semanas 8. todos os anos

3 1. nada 2. alguém 3. Tudo 4. mais 5. Cada 6. menos 7. Alguém 8. nada

G13 Das Verb: Regelmäßige Verben im Indikativ Präsens / Verlaufsform

1 1. D • 2. C • 3. B • 4. A

2

eu	você	ele	ela	nós	vocês	eles	elas
como	come		come	comemos	comem		comem
	bebe	bebe	bebe		bebem	bebem	
parto		parte		partimos		partem	partem

3 1. vivo 2. assistimos 3. escrevem 4. estuda 5. compram 6. abre

4

Personalpronomen	Verb estar im Präsens	Gerundium
	estou	
você, ele, ela		
nós		dirigindo
________, eles, elas	estão	vendendo

5 1. C • 2. D • 3. B • 4. A

G14 Das Verb: Der Gebrauch von ser und estar

1 1. são 2. é 3. está 4. estão

2 1. B • 2. E • 3. A • 4. F • 5. D • 6. C

3 1. é 2. está 3. é 4. está 5. é 6.está 7. é 8. está, está

G15 Das Verb: Indikativ Perfekt / Imperfekt

1 1. estudei 2. abriu 3. falaram 4. bebeu 5. comeram

2

eu	falava	vivia
você, ele, ela	falava	vivia
nós	falávamos	vivíamos
vocês, eles, elas	falavam	viviam

3 1. tomou, tomava • voltou, voltava 2. escreveu, escrevia 3. abriu, abria, • discutiu, discutia • assistiu, assistia 4. foi, ia

G16 Das Verb: Gegenüberstellung von Indikativ Imperfekt und Perfekt

1 1. D • 2. B • 3. A • 4. C

2 1. chegou 2. vivíamos 3. acendeu 4. lia, dormia / estava lendo, estava dormindo

3 1. certo 2. errado: tirou 3. errado: compravam 4. errado: morávamos

4 era, era, tinha, vivia, queria, terminou, comprou, casou, dormia, lia, preparava, chegou, terminou.

G17 Das Verb: Zusammengesezte Zeiten des Indikativs

1 1. Vocês têm telefonado muito ultimamente. 2. Eu tenho escrito muito nas últimas semanas. 3. Nós temos dormido muito nos últimos tempos. 4. Ele tem falado muito até agora. 5. Elas têm trabalhado muito até agora. 6. Você tem saído muito ultimamente.

2 1. tem trabalhado 2. tenho falado 3. temos vivido 4. tenho dormido

3 1. tinha escrito 2. tinha telefonado 3. tínhamos comprado 4. tinham escolhido 5. tinha falado 6. tinha feito

G18 Das Verb: Die Zukunft im Indikativ

1 1. vamos jantar 2. vai assistir 3. vão abrir 4. vou beber 5. vão viajar 6. vai encontrar

2 1. D • 2. AC • 3. EF • 4. B • 5. CA • 6. FE

3 1. aprenderei 2. viajará 3. assistiremos 4. dirão 5. farei 6. beberão

G19 Das Verb: Konditional

1 1. gostaria 2. faria 3. passariam 4. tomaríamos, nadaríamos

2 1. ligaria para uma oficina e pediria ajuda 2. pediria pizza 3. usaria uma lanterna 4. convidaria o ex-colega para um cafezinho em minha casa

3 1. C • 2. D • 3. B • 4. A

G20 Das Verb: Konjunktiv Präsens / Bildung

1 1. encontre, encontremos 2. digam, diga 3. viaje, viajem 4. tenhamos, tenha 5. goste, goste 6.mandem, mandemos 7. fumem, fume 8. escrevamos, escreva

2

eu	você	ele	ela	nós	vocês	eles	elas
ame	ame		ame	amemos	amem		amem
	entenda	entenda	entenda		entendam	entendam	
parta		parta		partamos		partam	partam

3 1. seja 2.vamos 3. queiram 4.saiba 5.esteja 6. dê 7. haja 8. queiramos

G21 Das Verb: Konjunktiv Präsens / Gebrauch

1 1. F • 2. C • 3. B • 4. A • 5. D • 6. E

2 1. embora 2. quer ... quer 3. antes que 4. mesmo que

3 1. Talvez vá. 2. É possível que tenhamos. 3. Talvez chova. 4. Duvido que ganhem.

G22 Das Verb: Konjunktiv Imperfekt

1 1. estudasse, estudássemos 2. falassem, falasse 3. ganhasse, ganhassem 4. tivéssemos, tivesse 5. fosse, fosse 6.vivessem, vivêssemos 7. abrissem, abrisse 8. pedisse, pedissem 9. fizesse, fizéssemos

2 1. Se eu fosse rico 2. Se ele comprasse uma casa em Ipanema 3. Se nós vivêssemos no Brasil 4. Se vocês tivessem mais tempo

3 1. mostrasse 2.fizesse 3. ganhassem 4. fossem 5. viajasse

G23 Das Verb: Konjunktiv Futur

1 1. fizer, fizermos 2. souberem, souber 3. trouxer, trouxerem 4. tivermos, tiver 5. for, for 6.virem, virmos 7. quiserem, quiser 8. estivermos, estiver, 9. chegar, chegarem 10. puder, pudermos

2 1. puder 2. chegar 3. tiverem 4. formos

3 1. se 2. logo que 3. como

G24 Das Verb: Gegenüberstellung von Konjunktiv Imperfekt und Futur

1 1. C • 2. D • 3. B • 4. A

2 1. for, fosse 2. passassem, passarem 3. fosse, for 4.tivesse, tiver

3 1. quiser, B • 2. estivesse, C • 3. fosse, D • 4. for, A

G25 Das Verb: Der Imperativ

1 1. beba / bebam 2. faça / façam 3. abra / abram 4. coma / comam

2 1. Fale português! 2. Beba vinho! 3. Telefone para ela! 4. Leia o jornal!

3 1. diz a verdade 2. vai embora 3. tem paciência 4. faz um favor

G26 Das Verb: Der persönliche Infinitiv

1 1. tomar cuidado 2. tomarmos cuidado 3. bom (vocês) tomarem cuidado 4. É bom elas tomarem cuidado.

2 1. B • 2. D • 3. E • 4. F • 5. A • 6. C

3 1. irem 2. recebermos 3. telefonarem

G27 Das Verb: Indirekte Rede

1 1. D • 2. A • 3. B • 4. C

2 1. gosta de aprender aquela língua 2. quando eu tinha nascido 3. se nós viajaríamos de férias no dia seguinte 4. se aquilo era para ele

3 1. que eu parasse de fumar 2. que eu fizesse exercícios 3. que eu evitasse bebida alcoólica 4. que eu não comesse doces 5. que assim eu me sentiria melhor

G28 Das Verb: Das Passiv

1 1. foi assinado 2. foi feito por 3. foi descoberto por

2 1. As paredes serão pintadas. 2. O piso será mudado. 3. Novos móveis serão comprados.

3 1. estão pintadas 2. está mudado 3. estão comprados

4 1. Fala-se português no Brasil. 2. Alugam-se quartos. 3. Vendem-se apartamentos. 4. Monta-se a máquina.

G29 Das Verb: Übereinstimmung von Verben und Präpositionen

1 1. B • 2. A • 3. E • 4. C • 5. D

2 1. da 2. a, pela 3. para 4. em 5. com 6. com

3 1. gosta 2. acostumou 3. discorda 4. telefonar 5. contar 6. interessa 7. fala 8. desiste

G30 Das Verb: Übereinstimmung von Verben und Präpositionen II

1 1. D • 2. C • 3. A • 4. D • 5. C • 6. B

2 1. a 2. de 3. de 4. a 5. a 6. a

3 1. de 2. de 3. para 4. de 5. a 6. a

G31 Präpositionen

1 1. de 2. por 3. a 4. No 5. de 6. por / pela 7. para 8. de 9. às, 10. a, por

2 1. H • 2. G • 3. J • 4. B • 5. E • 6. F • 7. I • 8. A • 9. D • 10. C

3 1. pela 2. do 3. numa / a 4. do 5. da 6. por 7. da 8. com 9. na 10. de

Kommunikation

K1 Sich begrüßen / Nach dem Befinden fragen / Sich verabschieden

1 Begrüßung: Boa tarde!, Bom dia!, Oi!, Olá!
Abschied: Tchau!, Tudo de bom pra vocês!, Boa sorte!, Até logo!

2 Informell: 2. Oi 3. Como (é que) vai, Tudo bem 4. obrigada, você 5. Tudo bem / Beleza
Formell: 1. tarde / noite 2. Boa tarde / noite 3. Como vai 4. obrigada, e o senhor 5. Bem / excelente, obrigado.

3 1. Como vai? 2. Beleza? 3. Como vai? 4. Beleza? 5. Tudo bem? 6.Como vai? 7. Tudo bem?

4 1. excelente, obrigado ,-a / muito bem, obrigado ,-a / bem, obrigado ,-a
2. em ordem / mais ou menos 3. mais ou menos / mal

K2 Sich / jemanden vorstellen

1 1. Bom dia 2. Posso me apresentar? 3. Meu nome é Luciano dos Santos 4. Como a senhora se chama? 5. Eu me chamo Maria José de Andrade 6. Muito prazer 7. Igualmente

2 1. Bom dia 2. nome é ... 3. Igualmente

3 1. Bom 2. sou ... • você se chama? 3. Muito prazer

5 1. C • 2. E • 3. A • 4. D • 5. B

K3 Alter / Beruf / Adresse angeben

1 1. C • 2. A • 3. D • 4. B • 5. E

2 1. A • 2. A • 3. C

3 1. O que é que o senhor faz? / Qual é a sua ocupação? 2. Quantos anos a senhora tem? 3. Qual é o seu endereço? 4. Onde o senhor trabalha? 5. Qual é o seu número de telefone?

K4 Nationalität / Herkunft / Wohnort angeben

1 1. C • 2. B • 3. A • 4. D

2 1. França / francês 2. Inglaterra / é inglesa 3. Rio de Janeiro / é carioca

3 1. Eu moro em São Paulo. 2. Eu moro na roça. 3. Eu sou alemão. 4. Eu moro com amigos.

4 BE

K5 Über die Familie sprechen

1 1. B • 2. AC • 3. B.

2 1. Você tem irmãos? 2. Você é casada? 3. Quantos irmãos você tem? 4. Quantos filhos você tem?

3 1. uma esposa / mulher 2. (Eu) tenho, filhas 3. (Eu) tenho, filho, Jorge 4. irmão, Raimunda 5. Raimunda, avó, avô 6. tio, mãe, solteiro. 7. papagaio, filho

K6 Sich entschuldigen / Um etwas bitten / Sich bedanken

1 Entschuldigung: Desculpa!, Perdão! • Danksagung: Obrigado!, Agradeço-lhes!
Bitte: Por favor, ..., Dá licença?

2 1. Não tem problema! / não foi nada / desculpado,-a 2. De nada! / Por favor / Não há de quê!

3 1. Sehr höfliche Bitte: Por favor, você poderia me dar o jornal?
2. Direkte Bitte: Por favor, você pode me dizer que horas são?

4 1. D • 2. G • 3. C • 4. A • 5. B • 6. E • 7. F

K7 Sprachkenntnisse angeben / Missverständnisse klären

1 3 • 6

2 2. muito bem 3. bem 4. mal 5. muito mal 6. não fala

3 1. E • 2. F • 3. D • 4. A • 5. C • 6. B

K8 Über Gewohnheiten / Vorlieben / Abneigungen sprechen

1 1. gosto muito. 2. Detesto 3. gosto mais … do que de 4. mais gosto 5. menos gosto 6. Adoro

2 1. Eu não gosto de cantar. 2. A coisa que menos gosto é cinema. 3. Não gosto muito de música. 4. Detesto macarrão!

3 2 João gosta de música clássica 3 João gosta mais de futebol do que de teatro 4 João não gosta muito de teatro. 5 João não gosta de cinema 6 João não gosta de cinema de jeito nenhum.

4 1. regularmente 2. todos os dias 3. regularmente 4. todos os dias / regularmente 5. regularmente

K9 Am Telefon

1 1. D • 2. F • 3. C • 4. A • 5. B • 6. E

2 1 Alô. 2 Bom dia. O Marcos está? 3 Quem fala? 4 Aqui é o Pedro. 5 Um momento, vou chamá-lo.

3 1. A Mônica está? / Posso falar com a Mônica? 2. Aqui é o .... 3. para me ligar? Tchau!

K10 Sich verabreden / Vorschläge machen, annehmen, ablehnen

1 1. D • 2. B • 3. E • 4. A • 5. C

2 1. Boa idéia! 2. (eu) não posso • fosse melhor no sábado 3. Onde • quando 4. Podíamos nos encontrar

3 O que você acha de irmos ao filme King Kong VI na sexta-feira? • O que você acha de irmos ao jogo Brasil x Alemanha na sexta-feira?

K11 Nach dem Weg fragen / den Weg beschreiben

1 1. A • 2. A • 3. B

2 1. B • 2. E • 3. D • 4. C • 5. F • 6. A • 7. G

3 1. como eu faço para chegar 2. Atravesse, esquerda. 3. em frente 4. Chegando, vire 5. direito, rua 6. Desça, atravesse

K12 Im Restaurant

1 1 O senhor já escolheu? 2 Uma salada, por favor. 3 O senhor gostaria de beber alguma coisa? 4 Vinho tinto, por favor. 5 Bom apetite! 6 Obrigado! 7 A conta, por favor!

2 1. D • 2. C • 3. E • 4. A • 5. B

3 1. Bom apetite! 2. Saúde! 3. gostaria, vinho 4. O senhor gostou? 5. gostaria de ver o cardápio

4 1. C • 2. A • 3. B • 4. F • 5. G • 6. E • 7. D

K13 Einkaufen / Dinge vergleichen

1 1. Ich würde gerne etwas zum Anziehen kaufen. 2. Wie viel muss ich bezahlen? 3. Ich schaue mich nur um. 4. Wie viel kosten diese Schuhe? 5. Ich will einen Rock kaufen. 6. Haben Sie diese Schuhe eine Nummer größer?

2 1. F • 2. B • 3. D • 4. A • 5. E • 6. C

3 1. Esta, é cara demais 2. é pequeno demais. 3. Não gosto 4. é mais bonita 5. me agrada muito 6. muito feio 7. pagar

K14 Im Hotel

1 1. Bom dia 2. Eu gostaria de um quarto. 3. Um quarto individual ou um quarto duplo? 4. Um quarto individual, por favor. 5. Quanto tempo o senhor deseja ficar? 6. De agosto a outubro.

2 1. E • 2. G • 3. A • 4. B • 5. F • 6. C • 7. D

3 1. (Eu) gostaria de reservar um quarto de solteiro / individual. 2. (Eu) gostaria de um quarto com café da manhã. 3. Como é esse quarto? 4. (Eu) gostaria de reservar um quarto para uma semana. 5. De vinte de agosto a primeiro de setembro. 6. (Eu) gostaria de um quarto de solteiro / individual para uma noite.

K15 Reisen

1 1. Uma passagem para Berlim, por favor. 2. Onde é a bilheteria? 3. O trem está atrasado. 4. Este trem vai para Berlim?

2 1. G • 2. A • 3. E • 4. C • 5. B • 6. D • 7. F

3 1. Quando parte o trem? 2. Para onde vai este / o ônibus? 3. De onde parte o trem? 4. Quando chega o trem? 5. O ônibus vai para o centro?

Mini-Wörterbuch

A

a die
à *Präp.* a + *Art.* a
abacaxi *m.* Ananas
abaixo unten, hinunter, herunter
abelha *f.* Biene
abertamento offen
abraçar umarmen
abrir öffnen
absurdo absurd
acabar beenden
acadêmico akademisch
acaso *m.* Zufall
aceitar akzeptieren
acelerar beschleunigen
acender anzünden
acessórios *m., Pl.* Accessoires
achar finden, meinen
acidentalmente zufällig, unerwartet
acompanhar begleiten
acontecer passieren, geschehen
acordar aufwachen
acostumar-se sich gewöhnen
açougue *m.* Metzgerei
acreditar glauben
acrescentar beifügen, beimengen, beigeben
açúcar *m.* Zucker
adeus *m.* Abschied, auf Wiedersehen!
adiar verschieben
admirar bewundern
adorar verehren, anbeten
adulto, -a erwachsen
aeroporto *m.* Flughafen
afirmar behaupten
agência de viagens *f.* Reisebüro
agora jetzt
agosto August
agradar gefallen
agradecer sich bedanken
água mineral *f.* Mineralwasser
água *f.* Wasser
agudo durchdringend
aí da (bei dir)
ainda noch
ajuda *f.* Hilfe
ajudar helfen
álcool *m.* Alkohol
alcoólico alkoholisch
alegrar-se sich freuen
alegre fröhlich
alegria *f.* Freude
Alemanha *f.* Deutschland
alemão, -ã deutsch, Deutsche(r)
alface *f.* Kopfsalat
alguém jemand
algum, -a (irgend)eine, -r, -s *Pl.* einige
alho *m.* Knoblauch
ali da
alma *f.* Seele
almoçar mittagessen
almoço *m.* Mittagessen
alô Hallo (Telefon)
alto hoch, groß, laut
altura *f.* Körpergröße
alugar mieten
amador amateurhaft
âmago *m.* Kern
amanhã morgen
amar lieben
amarelo gelb
amargo bitter
amável freundlich
ambiente *m.* Umwelt, Umgebung
ambos beide
ambulância *f.* Krankenwagen
americano, -a amerikanisch, Amerikaner, -in
amigo *m.* Freund
amizade *f.* Freundschaft
analgésico *m.* Schmerzmittel
anão *m.* Zwerg
andaluz, -a andalusisch, Andalusier, -in
andar *m.* Etage
andar gehen
anel *m.* Ring
Angola *f.* Angola
angolano, -a angolanisch, Angolaner, -in
animado ausgelassen, lebhaft
animal *m.* Tier
aniversário de casamento *m.* Hochzeitstag
aniversário *m.* Geburtstag
ano *m.* Jahr
antes vorher, vor, davor, eher, zuvor
antigamente früher
antigo alt, antik
antipático unsympathisch
anzol *m.* Angelhaken
aonde wohin
apaixonar-se sich verlieben
apartamento *m.* Wohnung
apavorado verängstigt
apertado eng
apetite *m.* Appetit
apimentado scharf
apoio *m.* Unterstützung
após nach, hinter
aprender lernen
apresentar-se sich vorstellen

apressadamente eilig
aprontar fertigmachen, richten
aquele, -a jener, jene
aqui hier
aquilo jenes, das
árabe arabisch, Araber, -in
ar-condicionado *m.* Klimaanlage
Argentina *f.* Argentinien
argentino, -a argentinisch, Argentinier, -in
armário *m.* Schrank
arroz *m.* Reis
arrumar aufräumen
artista *m., f.* Künstler, -in
árvore *f.* Baum
assim so, auf diese Weise
assinar unterschreiben
assinatura *f.* Unterschrift
assistir a uma peça de teatro ins Theater gehen
assistir sehen, hören, pflegen
assunto *m.* Thema
assustador erschreckend
até bis
atelier *m.* Atelier
atender abfertigen, bedienen, abnehmen (Telefon)
atitude *f.* Einstellung, Haltung
atletismo *m.* Leichtathletik
ator *m.* Schauspieler
atrás danach, hinten
atrasar aufhalten, verzögern
atraso *m.* Verspätung, Verzug
atravessar durchqueren, überqueren
atriz *f.* Schauspielerin
aula *f.* Unterricht
Áustria *f.* Österreich
auto-estrada *f.* Autobahn
automóvel *m.* Auto
avançar voranschreiten, Fortschritte machen
avenida *f.* (Haupt)straße, Allee
avião *m.* Flugzeug
avô *m.* Großvater
azedo sauer
azul blau

B

baiano, -a aus Bahia
bairro *m.* Stadtviertel
baixo tief, klein
balançar schaukeln
baleia *f.* Wal
balão *m.* Luft(ballon)
banana *f.* Banane
banca de revistas *f.* Kiosk
bancário *m.* Bankangestellter
banco *m.* Bank
bandeja *f.* Tablett
banheira *f.* Badewanne
banheiro *m.* Bad, Badezimmer
banho *m.* Bad
bar *m.* Bar
barato billig, preisgünstig, preiswert
barba *f.* Bart
barbeador *m.* Rasierer
barbear-se sich rasieren
barco *m.* Boot
barriga *f.* Bauch
barro *f.* Lehm, Tonerde, Schlamm
basquete *m.* Basketball
bastante genug, genügend
batata doce *f.* Süßkartoffel
batata *f.* Kartoffel
bater schlagen
batizado *m.* Taufe
bebê *m.* Baby
beber trinken
bebida *f.* Getränk
bebidas alcoólicas *f., Pl.* alkoholische Getränke
bebidas não alcoólicas *f., Pl.* alkohlfreie Getränke
beijar küssen
beleza *f.* Schönheit, Anmut, alles klar? (ugs.)
belíssima wunderschön
belo schön
bem gut
bem-humorado gut gelaunt
bermuda *f.* Bermudas
biblioteca *f.* Bibliothek
bicho *m.* Tier
bicicleta *f.* Fahrrad
bifurcação *f.* Abzweigung
bilhão *m.* Milliarde
bilhete *m.* Ticket, Fahrschein
bilheteria *f.* Kasse, Schalter
biologia *f.* Biologie
biquíni *m.* Bikini
biscoito *m.* Keks
blusa *f.* Bluse
boa *f.* gut
bobo doof, dumm
boca *f.* Mund
boi *m.* Ochse
bola *f.* Ball
Bolívia *f.* Bolivien
boliviano, -a bolivianisch, Bolivianer, -in
bolo *m.* Kuchen
bolsa *f.* Tasche
bom, boa gut
bombeiro *m.* Feuerwehrmann
bondoso gutmütig

boné *m.* Baseballkappe
boneca *f.* Puppe
bonito hübsch, schön
bota *f.* Stiefel
botar stellen
braço *m.* Arm
branco weiß
Brasil *m.* Brasilien
brasileiro, -a brasilianisch, Brasilianer, -in
brigar streiten
brilhar glänzen, scheinen
brincadeira *f.* Spiel, Spielerei, Scherz
brincar spielen
brincos *m., Pl.* Ohrringe
bruto brutal
bunda *f.* Hintern
burro *m.* Esel, Rindvieh
buscar holen, abholen, suchen

C

cabeça *f.* Kopf
cabeleireiro *m.* Frisör
cabelo *m.* Haar
caber passen
cabine *f.* Kabine
cabo *m.* Kabel
Cabo Verde *m.* Kap Verde
cabra *f.* Ziege
cachaça *f.* Zuckerrohrschnaps
cachorro *m.* Hund
cada jede(r)
cadeira *f.* Stuhl
caderno *m.* Heft
café *m.* Kaffee
café da manhã *m.* Frühstück
cãibra *f.* Muskelkrampf
caipirinha *f.* Caipirinha
caixa *f.* Kiste, Schachtel
calabresa *f.* Bratwurst
calar-se schweigen
calça *f.* Hose
calçada *f.* Bürgersteig
calçar anziehen (Schuhe, Socken)
calcinha *f.* Damenunterhose
calma *f.* Ruhe, Stille, Gelassenheit
calor *m.* Hitze
cama *f.* Bett
camarão *m.* Shrimps
câmara *f.* Kamera
caminhão *m.* Lastwagen
caminhar pelas montanhas wandern
caminhar spazierengehen
caminho *m.* Weg
camisa *f.* Hemd
camiseta *f.* T-Shirt
campeão *m.* Sieger
campo de futebol *m.* Fußballplatz
campo *m.* Feld, Acker, Bereich
Canadá *m.* Kanada
canadense kanadisch, Kanadier, -in
canção *f.* Lied
cancelar absagen, absetzen, abmelden
canil *m.* Hundehütte
cansar ermüden
cantar singen
canto *f.* Ecke, Kante, Gesang
cantor, -a *m., f.* Sänger, -in
capital *f.* Hauptstadt
caracol *m.* Schnecke
cardápio *m.* Speisekarte
carinho *m.* Zärtlichkeit
carioca aus Rio de Janeiro (Stadt)
carnaval *m.* Karneval
carne de boi *f.* Rindfleisch
carne de porco *f.* Schweinefleisch
caro teuer
carona *f.* Autostop, Mitfahrgelegenheit
carregar tragen
carro *m.* Auto
carta *f.* Brief
cartão de crédito *m.* Kreditkarte
carteira de identidade *f.* Personalausweis
carteira de motorista *f.* Führerschein
carteiro *m.* Briefträger
casa alugada *f.* Mietwohnung
casa *f.* Haus
casa própria *f.* Eigenheim
casaco *m.* Mantel
casado, -a verheiratet
casal *m.* Paar, Ehepaar
casamento *m.* Hochzeit
casarão *m.* großes Haus
casar-se heiraten
castelo *m.* Schloss
catorze vierzehn
cavalo *m.* Pferd
cebola *f.* Zwiebel
cedo früh
celular *m.* Handy
cem hundert
cemitério *m.* Friedhof
cenoura *f.* Karotte
centavo *m.* bras. Äquivalent zum Cent
central zentral
centro *m.* Zentrum
certo richtig
cerveja *f.* Bier
cesto, cesta *m., f.* Korb
céu *m.* Himmel
chá *m.* Tee

chamar rufen
chamar-se heißen
champanhe *m.* Sekt
chapéu *m.* Hut
chato langweilig
chave *f.* Schlüssel
chefe *m.* Chef
chegar ankommen
cheirar riechen
cheque *m.* Scheck
Chile *m.* Chile
chileno, -a chilenisch, Chilene, Chilenin
China *f.* China
chinês, -esa chinesisch, Chinese, Chinesin
chique chic
chorar weinen
chover regnen
churrascaria *f.* Grillrestaurant
churrasco *m.* Grillfleisch
chuveiro / ducha *m.*/ *f.* Dusche
cidade *f.* Stadt
cientista *m.*, *f.* Wissenschaftler, -in
cigarra *f.* Zikade
cigarro *m.* Zigarette
cinco fünf
cinema *m.* Kino
cinqüenta fünfzig
cinto *m.* Gürtel
cinza grau
circunflexo *m.* Zirkumflex
ciumento eifersüchtig
civil bürgerlich
claro hell
classe *f.* Klasse, Schicht
clássico *m.* Klassiker
cliente *m.*, *f.* Kunde, -in
clima *m.* Klima
clube *m.* Club, Verein
coisa *f.* Sache
colar *m.* Kette
colega *m.*, *f.* Kollege, Mitschüler
colher *f.* Löffel
Colômbia *f.* Kolumbien
Colônia Köln
com mit, bei
combinar vereinbaren, zusammen passen
começar beginnen, anfangen
comemorar feiern
comentar kommentieren
comer essen
comida a quilo *f.* Essen nach Gewicht
comida *f.* Essen
comigo mit mir, bei mir
como wie
cômodo *m.* Zimmer, Raum
competição *f.* Wettbewerb, Wettstreit
completar ergänzen
comportar-se sich benehmen
comprar kaufen
comprido lang
comprimido *m.* Tablette
compromisso *m.* Vereinbarung
computação *f.* Computerwissenschaften
computador *m.* Computer
comunicação *f.* Kommunikation
comunicar-se kommunizieren
concerto *m.* Konzert
concordar zustimmen
condomínio *m.* Wohnhauskomplex
confiar vetrauen
conforme übereinstimmend, gleichartig
confortável bequem
congresso *m.* Kongress, Abgeordnetenhaus
conhecer kennen lernen, kennen
conhecido bekannt
conosco mit uns
construir bauen, errichten
consultório *m.* Praxis
conta *f.* Rechnung
contar erzählen, rechnen, zählen
contente zufrieden
contigo mit dir, bei dir
continuar fortfahren, fortsetzen
contra gegen, an
contrário *m.* Gegenteil
convencido eingebildet, überzeugt
conversar sich unterhalten
convidado *m.* Gast
convidar einladen
convite Einladung
copa *f.* Cup, Pokal, Esszimmer
copo *m.* Glas
cor da pele *f.* Hautfarbe
cor dos cabelos *f.* Haarfarbe
cor dos olhos *f.* Augenfarbe
coração *m.* Herz
corpo de bombeiros *m.* Feuerwehr
correio *m.* Post, Postamt
correr rennen, laufen
correspondência *f.* Briefwechsel, Korrespondenz
corresponder entsprechen, korrespondieren
correto richtig, korrekt
cortar-se sich schneiden
corte *m.* Schnitt
cortês höflich
cortina *f.* Gardine / Vorhang
costas *f.*, *Pl.* Rücken
couve *f.* Kohl
cozinha *f.* Küche

cozinhar kochen
cozinheiro *m.* Koch
crédito *m.* Kredit
creme de leite *m.* Sahne
cristãmente christlich
cristão / cristã Christ, -in
criticar kritisieren
cru roh
cruzamento *m.* Kreuzung
cruzeiro *m.* Kreuzfahrt
Cuba *f.* Kuba
cueca *f.* Männerunterhose
cuidadoso vorsichtig, sorgfältig
cuidar sich kümmern
cuidar-se sich um sich selbst kümmern
cujo dessen
cultural kulturell
curioso neugierig, seltsam
curtir genießen
curto kurz
custar kosten

D

dados pessoais *m., Pl.* Angaben zur Person
dançar tanzen
daqui von hier aus
dar geben
data de nascimento *f.* Geburtsdatum
de von
decentemente anständig
décimo zehnter
dedo *m.* Finger
deitar-se sich hinlegen
deixar lassen
dele von ihm
delicado zart
delicoso lecker, köstlich
demais zu viel
dente *m.* Zahn
dentista *m.* Zahnarzt
depender abhängen
depilar-se epilieren, enthaaren
depois danach, dann
descansar sich ausruhen
descer hinabgehen, -steigen, -klettern
descobrir entdecken
desculpar entschuldigen
desde seit, von … an
desejar wünschen
desejo *m.* Wunsch
deserto *m.* Wüste, öde
desistir aufgeben
desligar ausschalten
despir-se sich ausziehen
desvio *m.* Umleitung
detestar / odiar hassen
Deus *m.* Gott
devagar langsam
dever schulden
dez zehn
dezenove neunzehn
dezesseis sechzehn
dezessete siebzehn
dezoito achtzehn
dia *m.* Tag
diarréia *f.* Durchfall
diferença *f.* Unterschied
diferente verschieden, unterschiedlich
difícil schwierig
diminuir vermindern
dinheiro *m.* Geld
diploma *m.* Diplom
direção *f.* Richtung
direito *m.* Recht, Jura
direto direkt
diretor *m.* Direktor
dirigir fahren, leiten
disciplina *f.* Disziplin, Fachrichtung
discordância *f.* Meinungsverschiedenheit, Unvereinbarkeit
discordar nicht einer Meinung sein
discoteca *f.* Diskothek
discutir diskutieren, streiten
divertir-se Spaß haben, sich amüsieren
dividir teilen
divorciado geschieden
divórcio *m.* Scheidung
dizer sagen
doce süß
doces *m., Pl.* Süßigkeiten
documento *m.* Urkunde, Papiere, Dokument
doença *f.* Krankheit
doente krank
doer wehtun, schmerzen
dois / duas *f.* zwei
dominar beherrschen
domingo *m.* Sonntag
Dona *f.* Frau (Anredeform)
dormir schlafen
doutor *m.* Doktor
doze zwöf
durar dauern, halten
dúvida *f.* Zweifel
duvidar bezweifeln, zweifeln
duzentos zweihundert

E

e und
econômico sparsam, wirtschaftlich
economizar sparen

editora *m.* Verlag
educação *f.* Erziehung
elegante elegant
eleito gewählt
elevador *m.* Aufzug
elite *f.* Elite
em in
e-mail *m.* E-Mail
embora obwohl, weg, fort
empacotar einpacken
empregado *m.* Angestellter
empresa *f.* Unternehmen
encaracolado lockig
encontrar treffen, finden
encontro *m.* Treffen
endereço *m.* Adresse
endereço eletrônico *m.* E-Mail-Adresse
enfermeira *f.* Krankenschwester
enganar täuschen, betrügen
engarrafamento *m.* Stau
engenheiro *m.* Ingenieur
engraçado lustig
enquanto während, solange
ensinar unterrichten, beibringen
então dann
entender verstehen
enterro *m.* Beerdigung
entrada *f.* Vorspeise, Eingang
entrar eintreten
entre zwischen, unter
enviar senden
enxugar-se sich abtrocknen
época *f.* Epoche, Zeitraum
errado falsch
escada *f.* Treppe
escapar flüchten
escola *f.* Schule
escolher aussuchen
escova *f.* Bürste, Zahnbürste
escovar bürsten
escrever schreiben
escritor *m.* Schriftsteller
escritório *m.* Büro
escutar zuhören, hören
Espanha *f.* Spanien
espanhol, -a spanisch, Spanier, -in
especial besonders
espelho *m.* Spiegel
esperar warten, erwarten, hoffen
esperto gerissen, schlau
esportivo sportlich
esposa *f.* Ehefrau
esquecer vergessen
esquerda links
esquina *f.* Ecke
estacão (central) *f.* (Haupt-)Bahnhof
estação de metrô *f.* U-Bahn-Station
estacionamento *m.* Parkplatz
estacionar parken
estado *m.* Bundesland, Staat
estado civil *m.* Familienstand
Estados Unidos *m., Pl.* USA
estante *f.* Regal
estar sein
estátua *f.* Statue
estrela *f.* Stern
estudante *m., f.* Schüler, -in / Student, -in
estudar lernen, studieren
estudo *m.* Studium
eu ich
euro *m.* Euro
Europa *f.* Europa
europeu, -éia europäisch, Europäer, -in
evitar vermeiden
exato exakt, genau
excelente ausgezeichnet
excesso *m.* Übermaß
ex-colega *m., f.* ehemalige, -er Klassenkamerad, -in
exemplo *m.* Beispiel
exercício *m.* Übung
exigir verlangen
exótico exotisch
experimentar anprobieren, ausprobieren
explicar erklären
expor austellen
exposição *f.* Ausstellung
exterior äußerlich, Ausland
extra zusätzlich

F

fábrica *f.* Fabrik
faca *f.* Messer
facão *m.* großes Messer
fácil leicht
facilitar erleichtern
facilmente leicht
faixa de pedestre *f.* Zebrastreifen
falar sprechen, reden
faltar fehlen
família *f.* Familie
famoso berühmt
fantástico fantastisch
farinha *f.* Mehl
farmacêutico *m.* Apotheker
farmácia *f.* Apotheke
fase *f.* Phase
fatia Scheibe
favela *f.* Armenviertel in Brasilien, Slum
favor *m.* Gefallen

fazer compras shoppen gehen
fazer cooper joggen
fazer machen
fazer o pedido bestellen
febre *f.* Fieber
fechado geschlossen
feijão *m.* Bohnen
feijoada *f.* bras. Bohneneintopf
feio hässlich
feira *f.* Wochenmarkt
felicidade *f.* Glück
feliz glücklich
fêmea *f.* Weibchen
feminino weiblich
férias *f., Pl.* Ferien
ferida / ferimento *f.* / *m.* Wunde, Verletzung
ferir-se sich wehtun, verletzen
feroz reißend, grimmig
ferro *m.* Eisen
festa *f.* Fest, Party
festejar / fazer farra feiern
ficar bem gut stehen
ficar bleiben
filha *f.* Tochter
filho *m.* Sohn
filme *m.* Film
fim *f.* Ende
finalmente endlich
firma *f.* Firma
flexível flexibel
flor *f.* Blume
floresta *f.* Wald
floricultura *f.* Blumenladen
florido blühend
fofo kuschelig
fogão *m.* Herd
forçar zwingen
formatura *f.* Studienabschluss
forte stark
fóssil Fossil
foto *f.* Foto
fotográfico fotografisch
França *f.* Frankreich
francês, -esa französisch, Franzose, -ösin
frango *m.* Hähnchen
fratura *f.* Knochenbruch
frear bremsen
frente *f.* Vorderseite
freqüentar besuchen
freqüentemente regelmäßig
fresco frisch
frio *m.* kalt, Kälte
fritar fritieren, braten
fruta *f.* Frucht
frutos do mar *m., Pl.* Meeresfrüchte
fugir abhauen, flüchten
fumante *m., f.* Raucher, -in
fumar rauchen
fundo tief
futebol *m.* Fußball
fuzil *m.* Gewehr

G

galeria *f.* Galerie
ganhar gewinnen, verdienen
garantir garantieren
garçom *m.* Kellner
garçonete *f.* Kellnerin
garfo *m.* Gabel
garota *f.* Mädchen
garrafa *f.* Flasche
gastar ausgeben, abnutzen
gastronomia *f.* Gastronomie
gato *m.* Katze
gaúcho, -a aus Rio Grande do Sul
gazela *f.* Gazelle
geladeira *f.* Kühlschrank
genro *m.* Schwiegersohn
gente *f.* Leute
geral allgemein
geralmente meistens, gewöhnlich
gerente *m.* Geschäftsführer
girar drehen
girassol *m.* Sonnenblume
gordo dick
gostar mögen
gostoso lecker, schmackhaft
governador *m.* Governeur
graça *f.* Gnade, Humor, Grazie
gracioso grazil
grama *m.* Gramm
grande groß
grau *m.* Grad, Stufe
gravata *f.* Krawatte
grave ernst, gravierend
Grécia *f.* Griechenland
grego, -a griechisch, Grieche, -in
gripar-se sich erkälten
gritar schreien
guaraná *m.* brasilianisches Erfrischungsgetränk
guarda de trânsito *m.* Verkehrspolizist
guardanapo *m.* Serviette
guardar aufbewahren
guerra *f.* Krieg
guia *m., f.* Führer, -in
guiar leiten

H

haver existieren, vorhanden sein
helicóptero *m.* Hubschrauber
herdar erben
herói *m.* Held
hidratante *m.* Feuchtigkeitscreme
hífen *m.* Bindestrich
história *f.* Geschichte
hobbies *m., Pl.* Hobbys
hoje heute
Holanda *f.* Holland
holandês holländisch, Holländer
homem de negócios *m.* Geschäftsmann
homem *m.* Mann
homenagear ehren
honra *f.* Ehre
hora *f.* Stunde
hospital *m.* Krankenhaus
hot dog / cachorro quente *m.* Hot Dog
hotel *m.* Hotel
humilhar demütigen
húngaro ungarisch, Ungar
Hungria *f.* Ungarn

I

ida *f.* Hinweg, Hinreise
idade *f.* Alter
idéia *f.* Idee
ignorar ignorieren
igreja *f.* Kirche
igualar ausgleichen
igualmente gleichfalls, glecherweise
ilha *f.* Insel
iluminar beleuchten
ilusão *f.* Illusion
imaginar sich vorstellen
ímpar ungerade
impedir verhindern
impossível unmöglich
improvável unwahrscheinlich
incluir einschließen
incômodo unbequem, Störung
independência *f.* Unabhängigkeit
índio *m.* Indianer
inesquecível unvergesslich
infecção *f.* Entzündung
infelizmente unglücklicherweise, leider
informação *f.* Information
informar informieren
Inglaterra *f.* England
inglês englisch, Engländer
iniciar beginnen
inimigo *m.* Feind
inseto *m.* Insekt
insistir drängen
instituto *m.* Institut
instruir unterweisen
inteiro ganz, vollständig
interessar-se sich interessieren
interior *m.* Landesinnere
interruptor *m.* Lichtschalter
introduzir einführen
investir investieren
iogurte *m.* Joghurt
ir gehen
irmã *f.* Schwester
irmão *m.* Bruder
irmãos *m., Pl.* Geschwister
irritar ärgern
irritar-se sich ärgern
Itália *f.* Italien
italiano, -a italienisch, Italiener, -in

J

já schon
janela *f.* Fenster
jantar *m.* Abendessen, zu Abend essen
Japão *m.* Japan
japonês japanisch, Japaner
jaqueta *f.* Jacke
jardim de infância *m.* Kindergarten
jardim zoológico *m.* Zoologischer Garten
jasmim *m.* Jasmin
javali *m.* Wildschwein
joelho *m.* Knie
jogador de futebol *m.* Fußballspieler
jogador *m.* Spieler
jogar capoeira Capoeira spielen / machen
jogar no computador am Computer spielen
jogo *m.* Spiel
jornal *m.* Zeitung
jovem jung
junho Juni
juntar sammeln
junto zusammen, gemeinsam
justificar rechtfertigen

L

lá dort
lábios *m., Pl.* Lippen
lado *m.* Seite
ladrão *m.* Dieb
lago *m.* See
lagoa *f.* kleiner See
lagosta *f.* Languste
lamentar bedauern
lançar werfen, herausgeben
lanchar / merendar vespern
lanche *m.* Nachmittagsimbiss
lanchonete *f.* Imbissstube

lanterna *f.* Taschenlampe
lápis *m.* Bleistift
laranja *f.* Orange
laranjeira *f.* Orangenbaum
largar loslassen
largo weit
laticínios *m., Pl.* Milchprodukte
lavanderia *f.* Wäscherei, Reinigung
lavar waschen
leão *m.* Löwe
legal legal, alles klar, super
leite *m.* Milch
lembrar erinnern
lembrar-se sich erinnern
lenço descartável *m.* Papiertaschentuch
lençol *m.* Betttuch
lento langsam
ler lesen
levantar-se aufstehen, sich erheben
levar nehmen
lição *f.* Lektion
licença *f.* Lizenz, Erlaubnis
ligar anrufen, anstellen, anschalten
limão *m.* Limette, Zitrone
limpar reinigen
lindo schön
língua *f.* Sprache, Zunge
lingüiça *f.* Mettwurst
lista *f.* Liste
literatura *f.* Literatur
litoral *f.* Küste
litro *m.* Liter
livrar befreien
livraria *f.* Buchhandlung
livre frei
livro *m.* Buch
lixo *m.* Müll
lobo *m.* Wolf
local de nascimento *m.* Geburtsort
local de trabalho *m.* Arbeitsort
logo bald
loja *f.* Geschäft, Laden
longo lang
loteria *f.* Lotterie
lugar *m.* Platz, Ort
lutar kämpfen
luz *f.* Licht

M

má *f.* böse, schlecht
maçã *f.* Apfel
macaco *m.* Affe
macarrão *m.* Nudel
machucar-se sich wehtun, sich verletzen
madastra *f.* Stiefmutter
madeira *f.* Holz
madrugada *f.* Nacht (ab 1 Uhr)
mãe *f.* Mutter
magro schlank
maio Mai
maioria *f.* Mehrheit
mais mehr
majestoso majestätisch
mal *m.* schlecht
mala *f.* Koffer
mamão *m.* Papaya
mandar anordnen, schicken
mandioca *f.* Maniok
manga *f.* Mango, Ärmel
manhã *f.* Vormittag
mansão *f.* Villa
manteiga *f.* Butter
manter aufrechterhalten
mão *f.* Hand
máquina de lavar louça *f.* Spülmaschine
máquina de lavar roupas *f.* Waschmaschine
marchar marschieren
mar *m.* Meer
marido *m.* Ehemann
marrom braun
mas aber
masculino männlich
massa *f.* Nudeln
materiais *Pl.* Materialien
mau böse, schlecht
máximo größt-, höchst-, das Größte, das Höchste, das Maximale
mecânico *f.* Mechaniker
médico *f.* Arzt
medida *f.* Mengenangabe
medo *f.* Angst
meia *f.* Socke
meio halb
meio-dia *m.* Mittag
melancia *f.* Wassermelone
melhor besser
melhorar verbessern
menino *m.* Junge
menor kleiner
menos weniger
mentalidade *f.* Mentalität
mentir lügen
mercadinho *m.* kleiner Markt
merecer verdienen
merecido verdient
mês *m.* Monat
mesa *f.* Tisch
mesmo wirklich, gleicher, gleiche
meter stecken
meu mein

mexer rühren
México *m.* Mexiko
mil tausend
milhão *m.* Million
milho *m.* Mais
mineiro aus Minas Gerais
mineral *m.* Mineral
minha meine
mínimo kleinst-, sehr klein, minimal, das Minimum
minuto *m.* Minute
misturar mischen
moça *f.* junge Frau
Moçambique Mosambik
moderno modern
modo *m.* Art
moído gehackt
molhar nass machen
momento Augenblick, Zeitpunkt
montar zusammenbauen, aufbauen
monumento *m.* Denkmal
morango *m.* Erdbeere
morar wohnen
moreno dunkelhäutig
morrer sterben
mostrar zeigen
motocicleta *f.* Motorrad
motorista *m., f.* Fahrer / Fahrerin
mousse de maracujá *m.* Maracujamousse
móveis *m., Pl.* Möbel
mudar verändern, umziehen
muito viel
mulher de negócios *f.* Geschäftsfrau
mundo *m.* Welt
museu *m.* Museum
música *f.* Musik
multa *f.* Strafe, Strafzettel

N

na moda modisch
nacionalidade *f.* Nationalität
nada nichts
nadar schwimmen
não nein, nicht
naquele in diesem (dort)
nariz *m.* Nase
nascer geboren werden
nascimento *m.* Geburt
natação *f.* Schwimmen
natural natürlich
navegar segeln
navio *m.* Schiff
necessário nötig, notwendig
negar verneinen
negociar verhandeln
nenhum keiner, keine
nervoso nervös
neste in diesem (hier)
neto *m.* Enkel
ninguém niemand
nisto in diesem
nódoa *f.* Fleck
noite *f.* Nacht, Abend
noivado Verlobung
noivo *m.* Verlobter
nojento eklig, widerlich
nome *m.* Name
nono neunter
nora *f.* Schwiegertochter
normalmente normalerweise
norte *m.* Norden
Noruega *f.* Norwegen
norueguês norwegisch, Norweger
nós wir
nosso unser
notar bemerken
notícia *f.* Nachricht
nove neun
novecentos neunhundert
noventa neunzig
novidade *f.* Neuigkeit
novo neu
num in einem
número de telefone *m.* Telefonnummer
nunca nie

O

o der
obedecer gehorchen
objetivo *m.* Objektiv, Ziel
objeto *m.* Objekt, Gegenstand
obrigado danke!
observar beobachten
óculos *m., Pl.* Brille
ocupação *f.* Beschäftigung
ofendido beleidigt
oficialmente offiziell
oficina *f.* Werkstatt
oi Hi! Hallo!
oitavo achter
oitenta achtzig
oito acht
oitocentos achthundert
olá Hallo!
olhar anschauen, sehen, schauen
olho Auge
ombro *m.* Schulter
onde wo
ônibus *m.* Bus
ontem gestern

onze elf
ópera *f.* Oper
operário *m.* Arbeiter
opinião *f.* Meinung
oportunidade *f.* Gelegenheit
ordem *f.* Befehl, Ordnung
ordenar befehlen
orelha Ohr
organizar organisieren
orientar orientieren
origem *f.* Ursprung
ótimo optimal
ou oder
ouro *m.* Gold
outubro Oktober
ouvir música Musik hören
ovo *m.* Ei

P

paciência *f.* Geduld
paciente geduldig, Patient
pacote *m.* Päckchen
padaria *f.* Bäckerei
padastro *m.* Stiefvater
padeiro *m.* Bäcker
pagar bezahlen
pai *m.* Vater
país de origem *m.* Herkunftsland
pais *m., Pl.* Eltern
país *m.* Land
paisagem *f.* Landschaft
palco *m.* Bühne
palhaço *m.* Clown
panela *f.* Topf
pão *m.* Brot
papagaio *m.* Papagei
papel higiênico *m.* Toilettenpapier
para für
parada / ponto de ônibus *f., m.* (Bus-)Haltestelle
Paraguai *m.* Paraguay
parar anhalten, stoppen
parede *f.* Wand
parentes *m., Pl.* Verwandte
parque *m.* Park
parte *f.* Teil
particular privat
partida de futebol *f.* Fußballspiel
partir abfahren, weggehen
passado vergangen
passageiro *m.* Passagier
passagem *f.* Fahrkarte, Ticket, Durchfahrt, Übergang
passaporte *m.* Reisepass
passar creme eincremen
passar vorbeigehen, -fahren, bestehen (Prüfung)
pássaro *m.* Vogel
passatempo *m.* Zeitvertreib
passear spazieren gehen
passeio *m.* Spaziergang, Ausflug
pasta de dentes *f.* Zahnpasta
pasto *m.* Weide
pau *m.* Knüppel
paulista aus São Paulo (Staat)
pé *m.* Fuß
peça *f.* Stück, Teil
peças de roupa *f., Pl.* Kleidungsstücke
pechinchar handeln
pedágio *m.* Mautgebühr
pedestre *m.* Fußgänger
pedido *m.* Bitte
pedir bitten
peito *m.* Brust, Busen
peixe *m.* Fisch
pele *f.* Haut
pena schade,
pensar denken
pente *m.* Kamm
pentear-se sich kämmen
pequeno klein
pêra *f.* Birne
perder verlieren
perfeitamente perfekt
pergunta *f.* Frage
perguntar fragen
periferia *f.* Außenbezirk, Vorort
perigoso gefährlich
perna *f.* Bein
pernambucano aus Pernambuco
pérola *f.* Perle
perto bei, nahe
peru *m.* Truthahn
pescoço *m.* Hals
peso *m.* Gewicht
pesquisa Forschung
pessimista pessimistisch
péssimo sehr schlecht
pessoa *f.* Person
pia *f.* Waschbecken
pimenta *f.* Pfeffer
pimentão *m.* Paprika
pingüim *m.* Pinguin
pintar-se sich anmalen, sich schminken
pintor *m.* Maler
pintura *f.* Malerei
pior schlechter, schlimmer
piscina *f.* Schwimmbad
piso *m.* Boden, Stockwerk
pista de velocidade *f.* Schnellstraße

planta *f.* Pflanze
plataforma *f.* Bahnsteig
poder können, dürfen, Macht
poeta *m.* Dichter
pois also, denn
polícia *f.* Polizei
policial *m.* Polizist
político *m.* Politiker
polonês polnisch, Pole
Polônia *f.* Polen
poltrona *f.* Sessel, Sitz
polvilho *m.* Maniokmehl
pomba *f.* Taube
ponto *m.* Punkt
por wegen, mittels, gegen, für
pôr aufsetzen / anziehen
porque weil
porta *f.* Tür
porto *m.* Hafen
Portugal Portugal
português portugiesisch, Portugiese
possível möglich
pouco wenig
povo *m.* Volk
praça *f.* Platz
praia *f.* Strand
prata *f.* Silber
praticar esporte Sport treiben
prato do dia *m.* Tagesgericht
prato *m.* Gericht, Teller
prato principal *m.* Hauptspeise
prazer *m.* Vergnügen
precisar brauchen, benötigen
preciso notwendig, nötig
preço *m.* Preis
prédio *m.* Gebäude
prefeito *m.* Bürgermeister
prefeitura *f.* Rathaus
preferir bevorzugen
preguiçoso faul
prêmio *m.* Preis, Gewinn
prendado begabt
preocupações *f., Pl.* Sorgen
preparar vorbereiten
presente *m.* Geschenk, Gegenwart
presidente *m.* Präsident
pressa *f.* Eile
presunto *m.* Schinken
preto schwarz
prima *f.* Cousine
primeiro erster
primo *m.* Cousin
princesa *f.* Prinzessin
problema *m.* Problem
procurar suchen
produtos cereais *m., Pl.* Getreide und Backwaren
produzir herstellen
professor, -a *m., f.* Lehrer, -in
profissão *f.* Beruf
profundo tief
programar programmieren
proibir verbieten
projeto *m.* Projekt
promessa *f.* Versprechen
proposta *f.* Angebot, Vorschlag
prova *f.* Prüfung
provar probieren, prüfen
provável möglich
próximo nächster
pular hüpfen, springen, überspringen

Q

quadra de esportes *f.* Sportplatz
quadro *m.* Bild
qual welche(r)
quando wann
quanto wie viel
quarenta vierzig
quarto *m.* Zimmer, vierter
quase fast
quatro vier
quatrocentos vierhundert
queijo *m.* Käse
queimar-se sich verbrennen
queixar-se sich beschweren
quem wer
querer wollen
quilo *m.* Kilo
quinhentos fünfhundert
quinto fünfter
quinze fünfzehn

R

rabo *m.* Schwanz
rádio *m.* Radiogerät
raiva *f.* Wut
rapaz *m.* junger Mann
rápido schnell
raposa *f.* Fuchs
raptar entführen
raramente selten
rato *m.* Maus
razão *f.* Recht, Vernunft
real wirklich, brasilianische Währung
recado *m.* Nachricht
receber bekommen, empfangen
reclamar beklagen
recomendar empfehlen
recusar ablehnen

refletir nachdenken
refrigerante *m.* Erfrischungsgetränk
região *f.* Region
regularmente regelmäßig
rejeitar ablehnen
relaxar entspannen
religião *f.* Religion
relógio *m.* Uhr
render-se sich ergeben
repente, de plötzlich
repetir wiederholen
requeijão *m.* Streichkäse, Quark
reserva *f.* Reservierung
reservar reservieren
resfriado *m.* Erkältung
respeitar respektieren, achten
resposta *f.* Antwort
restaurante *m.* Restaurant
retirar-se sich zurückziehen
rico reich
rir lachen
riscar (aus)streichen
rodízio *m.* all you can eat
rodoviária *f.* Busbahnhof
romântico romantisch
Romênia *f.* Rumänien
romeno rumänisch, Rumäne
rosa *f.* Rose, rosa
rosto *m.* Gesicht
roupa de cama *f.* Bettwäsche
roupa *f.* Kleidung
rua *f.* Straße
Rússia *f.* Russland
russo russisch, Russe

S

sábado *m.* Samstag
sabão *m.* Haushaltsseife, Seife
saber wissen
sabonete *m.* Seife
sabor *m.* Geschmack
saboroso schmackhaft
sacada *f.* Balkon
saia *f.* Rock
sair ausgehen, hinausgehen, weggehen
sal *m.* Salz
sala (de estar) *f.* Wohnzimmer
sala de aula *f.* Klassenzimmer
sala de jantar *f.* Esszimmer
salada *f.* Salat
salão de beleza *m.* Schönheitssalon
salgado salzig
salto *m.* Sprung
salvar retten
samba *m.* Samba
sandálias *f., Pl.* Sandalen
sapataria *f.* Schuhladen
sapato *m.* Schuh
saudável gesund
saúde *f.* Gesundheit
show *m.* Konzert
secretário *m.* Sekretär
secreto geheim
sede *f.* Durst
segundo zweiter
seguro sicher
seis sechs
seiscentos sechshundert
sem ohne
semana *f.* Woche
semestre *m.* Semester
sempre immer
sem-vergonha unverschämt
senhor, -a *m., f.* Herr, Frau
senhoras *f., Pl.* Damen
senhores *m., Pl.* Herren
sentar sitzen, setzen
sentir fühlen, spüren
separação *f.* Trennung
separado getrennt
ser careca eine Glatze haben
ser sein
sério ernst
servir dienen
sessenta sechzig
sete sieben
setecentos siebenhundert
setenta siebzig
sétimo siebter
Seu Herr (Anredeform)
sexta-feira *f.* Freitag
sexto sechster
shopping (center) *m.* Einkaufszentrum
short *m.* Shorts
sim ja
simpático sympathisch
simples einfach
sinal / semáforo *m.* Ampel
sincero ehrlich
sirene *f.* Sirene
situação *f.* Situation
só nur
sobrancelhas *f., Pl.* Augenbrauen
sobre über, auf
sobremesa *f.* Nachtisch
sobrenome *m.* Nachname
sobrinha *f.* Nichte
sobrinho *m.* Neffe
sofá *m.* Sofa
sogra *f.* Schwiegermutter

sogro *m.* Schwiegervater
sogros *m., Pl.* Schwiegereltern
sol *m.* Sonne
solidão *f.* Einsamkeit
solteiro ledig
sonhar träumen
sonho *m.* Traum
sopa *f.* Suppe
sorrir lächeln
sorte *f.* Glück
sorvete *m.* Eis
stress *m.* Stress
suar schwitzen
subir hinaufgehen, -steigen, -klettern
suco *m.* Saft
Suécia *f.* Schweden
Suíça *f.* Schweiz
suíço schweizerisch, Schweizer
sul *m.* Süden
sumir verschwinden
supermercado *m.* Supermarkt
surfe / surf *m.* Surfen
sutiã *m.* BH

T

tabu *m.* Tabu
taça *f.* Wein-, Sektglas
talher *m.* Besteck
talvez vielleicht
tamanho *m.* Größe
tampa *f.* Deckel
tanto so viel
tão so, so sehr, ebenso
tarde spät
tarefa *f.* Aufgabe
tartaruga *f.* Schildkröte
taxista *m.* Taxifahrer
teatro *m.* Theater
telefonar telefonieren
televisão *f.* Fernseher
telhado *m.* Dach
tempero / condimentos *m. / m., Pl.* Gewürze
tempo *m.* Zeit, Wetter
tênis *m.* Tennis
tentar versuchen
ter barba einen Bart haben
ter bigode einen Schnauzbart haben
ter cabelos longos / curtos lange / kurze Haare haben
ter pele clara hellhäutig sein
terceiro dritter
terminar beenden
terno *m.* Anzug
tese *f.* These
testa *f.* Stirn
teste *m.* Test
teto *m.* Zimmerdecke
tio, -a *m., f.* Onkel, Tante
típico typisch
tira-gosto *m.* kleines Gericht, Häppchen
tirar (a roupa, os sapatos) ausziehen
tirar fotografias / fotografar fotografieren
tirar herausziehen, herausholen
toalha de banho *f.* Handtuch
tocar berühren, spielen (Instrument)
todo ganz
todos alle
tolo dumm
tomada *f.* Steckdose
tomar banho duschen / baden
tomar nehmen, trinken
tomara hoffentlich
tomate *m.* Tomate
tombo *m.* Sturz
torneira *f.* Wasserhahn
torta *f.* Torte
totalmente, total vollständig
touro *m.* Stier
trabalhar arbeiten
traduzir übersetzen
trancar abschließend
trancar-se sich einschließen
tranqüilo ruhig
trânsito *m.* Verkehr
tratar behandeln
trazer bringen
trem *m.* Zug
trema *m.* Trema, Umlaut
tremer zittern
três drei
treze dreizehn
trezentos dreihundert
trinta dreißig
triste traurig
trocar wechseln
tu du
tudo alles
turco türkisch, Türke
Turquia *f.* Türkei

U

uivar heulen
ultimamente in letzter Zeit
último letzter
ultrapassar überholen, überschreiten
um ein, eins
uma, -s *Pl.* eine, einige
umbigo *m.* Bauchnabel
úmido feucht
unir vereinigen

universidade *f.* Universität
urubu *m.* Aasgeier
Uruguai *m.* Uruguay
usar benutzen, verwenden, tragen
uso *m.* Gebrauch
utilizar benutzen
uva *f.* Traube

V

vaca *f.* Kuh
vadio streunend
vaga *f.* freier Platz
vagaroso langsam
varanda *f.* Balkon
vários viele
veado *m.* Hirsch, Reh
velhice *f.* das hohe Alter
velho alt
veloz schnell
vendedor *m.* Verkäufer
vender verkaufen
venenoso giftig
ventilador *m.* Ventilator
vento *m.* Wind
ver sehen
ver televisão fernsehen
verdade *f.* Wahrheit
verde grün
verdura *f.* Gemüse
vermelho rot
vestido *m.* Kleid
vestir-se sich anziehen
vestuário feminino *m.* Damenbekleidung
vestuário masculino *m.* Herrenbekleidung
veterinário *m.* Tierarzt
viagem *f.* Reise
viajar reisen, verreisen
vida *f.* Leben
vila *f.* Dorf
vinho Wein
vinte zwanzig
vir kommen
virar drehen
visitar besuchen
vista *f.* Blick
visto *m.* Visum
vitrine *f.* Schaufenster
viúvo verwitwet
viver leben
vizinho *m.* Nachbar
voar fliegen
você du
vocês ihr
vôlei (de praia) *m.* (Beach)Volleyball
vontade *f.* Lust

X

xampu *m.* Shampoo
xícara *f.* Tasse

Z

zangar-se sich aufregen
zero null
zona *f.* Bereich

Autoren:
Autor G1 - G12, G31, Aussprache, Kommunikation, Mini-Wörterbuch:
João Carlos Caetano de Andrade
Autorin G13 - 30, Einleitung, Wortschatz, Verbtabellen:
Marisa Barreto von Berg